生への執着

泉　義雄

Izumi Yoshio

風詠社

目次

装幀　2DAY

第1章　偉大な哲学者の誕生

死についての３つの偉大な考え方

哲学のテーマは、ソクラテス以来常に「如何に善く生きるか」ということでした。「如何に善く死ぬか」という事には無関心というよりも積極的にこれを避けてきました。西洋では死はすべての価値の喪失を意味するとされてきたからで、最も身近で大切な「死の受容」に関する哲学は決して多くはありません。

――如何に死出の旅に赴くか――このテーマは東洋哲学にはしばしば出てきますが、西洋哲学にはほとんどありません。東洋では無は無心や無我など比較的ポジティブな言葉として普段から日常生活の用語として使われますが、西洋では身の毛がよだつ恐ろしい虚無ニヒリズムと解釈され、全ての価値の喪失を意味するからです。

偉大な人類3千年の歴史の中で、死についての哲学的考え方を体系づけた3人の大学者が出現しました。歴史的には3つの偉大な「死の受容」についての考え方があります。一つは釈迦の仏教、一つは古代ギリシア哲学のストア派の考え方、一つは厭世主義者のショーペンハウエルの『意志と表象としての世界』です。驚いたことにはこの三つの考え方は極めて類似しており、大賢人が突き詰めてものを考えると、場所と時間を問わず、同じ答えが導き出されるようです。人間は宇宙の原理、宇宙を支配する法則に従って生きるべきであるという考え方は、釈迦の時代から、古代ローマ時代、19世紀のショーペンハウエルの時代までに及びます。

古代ギリシア哲学ストア派の考え方

古代ギリシア哲学の最大の命題テーゼは、宇宙を支配する法則**ロゴス**を知ることにありました。ストア派の**創始者ゼノン（BC335-BC263）**は、自然と一致して生きることを説き、自然の理法と調和して生きることを理想としました。自然や人間を包み込む宇宙には大いなる理性ロゴスの法則が支配しており、人間も宇宙の一部としてその理法を分有しています。したがって人間は欲望や快楽をおさえて宇宙の秩序と調和をもたらす理法に従えば、自然の全体と一致して生きることができ、心の安らぎが得られます。外部から影響されて生じる感情や**情念パトス**に、決して心を動揺させることのない**不動心アパティア**を理想の境地としました。

ストア派の思想はローマ時代にも引き継がれ、キケロ、セネカ、エピクテトス、**ローマ皇帝マルクス・アウレリウス（121-180）**らの思想家が現れました。皇帝マルクス・アウレリウスはその自省録のなかに書き残しました。もともと彼は皇帝などになる気配はなく、皇帝になったあともどうすればよいのか迷い、苦悩していました。ストア派の知識を得てからは、彼は万物が流転する無常な世界を見つめつつ、その世界に神の定めた理法が支配していることへの信頼を抱きました。

朝、自分は人間としての仕事をなすために目覚めたのである。自分が生まれてきたいわれをなす仕事、この宇宙に自分が導き入れられた目的となっている仕事を遂行すべく、それに向かって進むならばどうして自分は気難しくなることがあろうか。植物、雀、蟻、蜘蛛、蜜蜂がそれぞれ自分に即した仕事を果たしているさまを、目にしないのか。自分の本性に由来する仕事に自分は赴かないのか。

日々の生活の中で仕事に打ち込み、おのれの責務を果たすことが宇宙の理法によって定められた自己の生き方であり、そこに、マルクス・アウレリウスは安心立命の境地を見つけました。この究極の哲理とも言い得る優れた思想により、死に臨んで、マルクス・アウレリウスは臆することなく欣然として瞑目し、満足のうちにその生涯を終えました。

釈迦の考え方と仏教

インドでは**釈迦（BC463頃-BC383）**が人文科学的に体験的な禅定と瞑想により、宇宙を支配する法則の本質を究めました。**仏教の核心的思想は無常無我にあります。諸行無常**とはあらゆる存在と現象は生成と死滅を繰り返しているということ。**諸法無我**《しょほうむが》はいかなる存在も永遠の実体を持たないこと、因果関係によりすべてのものは我ひとりでは存在せず多くの条件によって流転して存在することをいいます（**因縁生起**《いんねんしょうき》**の法**）。釈迦はもともとバラモン教の沙門《しゃもん》で、バラモン教とは異なる真の解脱を求める修行者でありました。インドには**輪廻思想**が強く息づいており、永遠に生と死が繰り返される、つまり肉体は滅んでも別の形で再生すると今でも考えられています。

禅の世界に**一円相**《いちえんそう》というのがあります。禅寺には円の墨筆が必ずかけられています。8世紀の南陽慧忠がその祖だといいます。いろいろな解釈がありますが、宇宙そのものを描いていると考えられています。森羅万象は宇宙の中で生まれ、宇宙の中で死んでいきます。

宇宙に秩序と調和をもたらす理法、ダルマ（法）によって支配されています。この一円相からは出ることは出来ません。この中で生きていき、一円相の真理そのものと一体とならなければなりません。**諸行無常**とはあらゆる存在と現象は生成と死滅を繰り返しているということ。**諸《しょ》法《ほう》無《む》我《が》**はいかなる存在も永遠の実体を持ちません、因果関係によりすべてのものは我ひとりでは存在せず多くの条件によって流転して存在しています。これが宇宙の摂理であり、自らの心と身体への執着を捨て、おのれを忘れて一切の計らいを振り捨てて無心になる時、仏の命と出会うことが出来ます。小さな自己にこだわる我執を捨てることは、自らが大きな生命に生かされていることが証されることなのです。人は誰もが生かされているのです。一休禅師（1394-1481）は「人は病気になる時は病気になるがよろしかろ死ぬる時は死ぬるがよろしかろ」と詠んでいます。

「宇宙の運動力学、宇宙の摂理に従って人間は生きるべきである」というのが、この本の主題なのですが、なるほどそうなのかと理解して、テキパキ死んでいける人は、皇帝マルクス・アウレリウスや一休禅師くらいのもので、まだまだそれだけでは死ねないという方は、私も含めて最後までこの本の読了をお願い致します。

ショーペンハウエルと生の苦悩

アルトゥール・ショーペンハウエル（Arthur Schopenhauer,1788-1860）は、裕福な商人の長男として生まれました。５歳の時家族と連れ立ってヨーロッパ大周遊旅行に出かけます。この時、民衆の貧困、過酷な強制労働、絞首刑など社会の底辺を見聞し衝撃を受け、厭世《えんせい》主義的な基盤を持ちます。最終的に自分は世界一の厭世主義者だと言って、憚らなくなります。

１８１９年31歳の時、主著『**意志と表象としての世界　Die Welt als Wille und Vorstellung**』を刊行します。カント哲学の継承者を自認するショーペンハウエルは、規範をカントに置きます。カントは人間が認識するものを表象と呼び、表象の背後にある物自体は知り得ないと論じました。この認識を行うのが、眼耳鼻などの五感による感覚器官です。

カントのいう**物自体を意志と規定する**ことによって「意志としての世界」という新たな

構想を生み出しました。つまり人間の意志は知性によって生じるのではなく、生を意欲する衝動の中にあります。意志とは「盲目的な生への意志」であり、盲目と呼ばれるのは意志自体に根拠がなく、認識を欠いた存在だからです。意志こそ我々自身といっても良いのです。

　世界の現象の背後には、人間理性によってはとらえがたい盲目的意志（生への意志）が働いており、人間はひたすらこれに突き動かされています。意志は休むことなく続く不断の努力です。人間は生きようとする意志によって意欲し、努力によってその渇望を満たします。意欲が満たされなければ激しい苦痛となります。一方、意欲が常に満たされ続けると激しい**退屈**に襲われます。退屈もまた、度を過ぎると努力が報われないことと同じくらいの苦痛です。人間は生きようとする意志によって、本質的に苦悩を抱えています。人間は生きたいという意志を満たされなくても苦痛、満たされても苦痛であり、**人生の一切が苦痛**なのです。**一切皆苦**は釈迦の説いた四法印《しほういん》の解釈そのものです。

第2章　般若心経と死の受容

釈迦の誕生と仏陀への道

釈迦（BC463-BC383）はインドとネパールの国境に近いキサヤ王国に生まれました。スッドーダナ国王、浄飯王《じょうぼんおう》は喜び、シッダールタ（望みがかなえられた者）と名づけます。カーラ・デーバラという予言者が、王子は国王にはならず偉大な仏陀になると言います。**仏陀《ぶっだ》（真理に目覚めた者）**とは苦しい修行をして、この世の本当の姿を解き明かし、大勢の人びとを救う聖者のことです。８人の僧侶を集めて教えを請うと、王子は悲しい４つの出来事に会い、王子を捨てて仏陀になるといいます、もし出来事に会わなければ偉大な国王になるといいます。僧侶の一人は釈迦の尊い教えを受けるまで自分は長生きできないと言って涙を流したといいます。国王は決心し、シッダールタが悲しい出来事に会わないようにします。

シッダールタの生後7日目に母親のマーヤーが亡くなり、王妃の妹が母親代わりになって育てます。16歳のとき国中の娘が集められ、いとこのヤショーダラー姫と結婚します。29歳の時に、ラーフラという男の子が生まれます。

29歳のとき、酒宴に紛れて城を抜け出します。東の城門を出ると、歯が落ち腰が曲がり杖を頼りに歩く枯れ木のような老人を見て、人間誰にも訪れる老いの苦しみを痛感します。翌日南門を出ると病人を見て病苦の現実を深く実感します。西門を出ると葬式の行列を見ます。王子の目の前は真っ暗になります。最後に北門を出ると出家した修行僧に出会います。修行僧は苦しい修行をして、世の人びとを苦しみから救う道を一生懸命に探しているようでした。これを**四門出遊**《しもんしゅつゆう》といい、シッダールタ王子が出家を志す機縁になります。出家は自らの道を求める**沙門**《しゃもん》と呼ばれる修行者のことで、バラモン教とは異なる新しい教えを広める指導者のことです。

シッダールタは二人の師について深い山中にこもって苦行をします。しばらく息を止める修行、太陽の直射日光を浴びる修行、片足立ちの修行。断食修行で一日に米一粒とゴマ一粒だけを食べました。食欲を抑制しても健康な身体を維持する強い精神力があったとされます。針のむしろの上に寝たり体を火で炙ったりもしました。ガンジス川の支流ナイランジャナー河の畔《ほとり》で６年間の修行をして、痩せ衰え骸骨のような姿になりましたが悟りは得られませんでした。村娘スジャータから乳粥の供養を受けます（乳粥供養）。苦行からは悟りは得られませんでした（苦行放棄）。この時乳粥を入れた金の器を水に浮かべると川上に流れました。沐浴《もくよく》をして、ブッダガヤの菩提樹の下で禅定と瞑想を行うと21日目に悟りを得ました。35歳でした。**初転法輪**《しょてんぽうりん》という最初の説法を行います。この時から**ゴータマ・ブッダ（釈迦）**と呼ばれ、以後45年間教えの旅を続け、80歳のとき沙羅双樹《さらそうじゅ》の木の下で入滅しました。

般若心経と現代語訳

摩訶般若波羅蜜多心経《まかはんにゃはらみったしんぎょう》

唐三蔵法師玄奘訳《とうさんぞうほうしげんじょうやく》

観自在菩薩《かんじざいぼさつ》　行深般若波羅蜜多時《ぎょうじんはんにゃはらみったじ》　照見五蘊《しょうけんごうん》
皆空《かいくう》　度一切苦厄《どいっさいくやく》　舎利子《しゃりし》　色不異空《しきふいくう》　空不《くうふ》
異色《いしき》　色即是空《しきそくぜくう》　空即是色《くうそくぜしき》　受想行識《じゅそうぎょうしき》　亦復《やくぶ》
如是《によぜ》　舎利子《しゃりし》　是諸法空相《ぜしょほうくうそう》　不生不滅《ふしょうふめつ》　不垢《ふく》

不浄《ふじょう》　不増不減《ふぞうふげん》　是故空中無色《ぜこくうちゅうむしき》　無受想行識《むじゅそうぎょうしき》
無眼耳鼻舌身意《むげんにびぜっしんい》　無色声香味触法《むしきしょうこうみそくほう》　無眼界《むげんかい》
乃至無意識界《ないしむいしきかい》　無無明《むむみょう》　亦無無明尽《やくむむみょうじん》　乃至無《ないしむ》
老死《ろうし》　亦無老死尽《やくむろうしじん》　無苦集滅道《むくしゅうめつどう》　無智亦無得《むちやくむとく》
以無所得故《いむしょとくこ》　菩提薩埵《ぼだいさった》　依般若波羅蜜多故《えはんにゃはらみったこ》
心無罣礙《しんむけいげ》　無罣礙故《むけいげこ》　無有恐怖《むうくふ》　遠離一切顛《おんりいっさいてん》
倒夢想《どうむそう》　究竟涅槃《くきょうねはん》　三世諸仏《さんぜしょぶつ》　依般若波羅蜜《えはんにゃはらみつ》
多故《たこ》　得阿耨多羅三藐三菩提《とくあのくたらさんみゃくさんぼだい》　故知般若波羅《こちはんにゃはら》
蜜多《みった》　是大神呪《ぜだいじんしゅ》　是大明呪《ぜだいみょうしゅ》　是無上呪《ぜむじょうしゅ》　是無《ぜむ》
等等呪《とうどうしゅ》　能除一切苦《のうじょいっさいく》　真実不虚《しんじつふこ》　故説般若波《こせつはんにゃは》
羅蜜多呪《らみったしゅ》　即説呪曰《そくせつしゅわつ》　羯諦《ぎゃてい》　羯諦《ぎゃてい》　波羅羯諦《はらぎゃてい》
波羅僧羯諦《はらそうぎゃてい》　菩提薩婆訶《ぼうじそわか》　般若心経《はんにゃしんぎょう》

般若心経現代語訳：

大いなる智慧の完成の真髄の経典

唐三蔵法師玄奘訳

観音菩薩《かんのんぼさつ》は深遠な智慧の完成を行った時、人を構成する五蘊《ごうん》は全て空であると明らかに見た。全ての苦しみと災いの河《かわ》を渡った。シャーリープトラよ。あらゆる存在は実体のない空である。空であるからこそ存在し現象となって現れる。色は即ち空である。空はすなわち色である。人の精神作用である受想行識《じゅそうぎょうしき》もまたかくの如しである。

シャーリープトラよ。一切の物の存在のあり方は空であり、固定された永遠の実体ではなく常に変化し流転している。生まれもしなければ滅びもしない、ただ変化しているだけである。全ての存在は本来清浄であるとも不浄であるともいえない。万物は増えることも減ることもない。故に空という真理の中には何も無い。人の精神作用である受想行識もない。人に備わっている眼耳鼻舌身意《げんにびぜっしんい》という主観的感覚器官である六根《ろっこん》は空であり何も無い。六根が感覚作用を起こす客観的対象である色声香味触法《しきしょうこうみそくほう》の六境《ろっきょう》も空であり何も無い。六根が六境を認識する作用である六識《ろくしき》、即ち眼識（見る）、耳識（聞く）、鼻識（嗅ぐ）、舌識（味う）、身識（触る）、意識（知る）があり、眼識から意識（認識）の領域までが、ことごとくない。六根、六境、六識を合わせた十八界全てがない。

過去から永遠に続いてきている迷いの根本である煩悩《ぼんのう》、無明《むみょう》はない。また無明が尽きることもない。十二因縁《じゅうにいんねん》の無明から老死にいたるまでの全てがない。また老死が尽きることもない。悟りに至るための人生の真理である四諦《したい》、すなわち苦集滅道《くしゅうめつどう》もない。教えを知ることも無く、悟りを得ることもない。もともと得られるべきものは何も無いからである。

求道者でもあり救済者でもある菩提《ぼだい》たちは故に智慧《ちえ》の完成によってあるがままに見ることができるから心を覆《おお》うものがない。心を覆うものが無いから恐れもない。転倒した認識によって世界を見ることから遠く離れている。平安な心の涅槃《ねはん》である。過去現在未来の永遠の時の流れの中にいる無数の仏たちは故に智慧の完成によって限りなくすぐれ正しく平等である完全な目覚め、悟りを得る。ゆえに智慧の完成を知る。これは偉大なる呪文《じゅもん》である。これは大いなる無明を打ち破る呪文である。これは無上の呪文である。これは比類なき呪文である。すべての苦しみを除くことができる。真実であり偽りがない。故に智慧の完成の呪文を説く。

即ち呪文を説いて曰く。執着《しゅうちゃく》を取り除いて空《くう》の彼岸《ひがん》に行こう。彼岸に行こう。彼岸に皆で一緒に行こう。仏の悟りあれよかし。智慧の真髄の経典。

般若心経の現代的注釈

摩訶《まか》：大きいさま、勝れたさまをいう。

般若《はんにゃ》：サンスクリット語パンニャーの音訳で智慧、真実を極めること。苦悩する衆生を救済する修行者である菩薩《ぼさつ》が目指す六波羅蜜《ろくはらみつ》の一つ。

波羅蜜多《はらみった》：完成。サンスクリット語のパーラミターの音訳。

心経《しんぎょう》：真髄の経典。一休禅師によれば、「心経とは般若の心なり。この般若の心は一切の衆生もとよりそなわりたる心なり」。インドのウパニシャド哲学では、自我アートマンの宿る場所が心臓である。

三蔵法師《さんぞうほうし》：三蔵は経（釈迦ブッダの教え）、律（僧団サンガの戒律）、論（経・律についての注釈）の経典に精通した法師（仏法によく通じてその教法の師となる者）。玄奘《げんじょう》（602-664）は唐の仏教学者。

観自在菩薩《かんじざいぼさつ》：自在は自由自在の意味で衆生を自由自在に救済する観音菩薩。菩薩は悟りを求める者。

行深般若波羅蜜多時《ぎょうじんはんにゃはらみったじ》：深は智慧波羅蜜だけではなく、六波羅蜜全てを含んだ智慧波羅蜜を意味する。全ての智慧の波羅蜜多を行った時。

照見五蘊皆空《しょうけんごうんかいくう》：五蘊《ごうん》は五つの集まり。人間は五蘊がたまたま寄せ集まったもの。色（肉体、形あるもの全て）、受（感覚作用、感受する）、想（表象作用、そのものが何であるかを見極める）、行（意志作用、心がある方向に働く）、識（認識作用、自らの状態を知る）の五蘊はすべて空であると明らかに見た。

度一切苦厄《どいっさいくやく》：全ての苦しみと災いの河《かわ》を渡った。迷悟を超越した空の真理にはあらゆる物事にとらわれることがない。こだわりを捨てなさいという意味。

舎利子《しゃりし》：シャーリプトラよ。観自在菩薩が智慧一番の釈迦の弟子の舎利子に語りかけている。舎利子は実在の弟子でシャーリプトラの音訳。

色不異空《しきふいくう》：色は空に異ならない。あらゆる存在は実体のない空である。

空不異色《くうふいしき》：空は色に異ならない。空であるからこそ存在し現象となって現れる。

色即是空《しきそくぜくう》：是は中国語の be 動詞で is に相当する。色はすなわち空である。

空即是色《くうそくぜしき》：空はすなわち色である。

受想行識《じゅそうぎょうしき》：受（感覚作用）、想（表象作用）、行（意志作用）、識（認識作用）の精神作用。
亦復如是《やくぶにょぜ》：もまたかくのごとしである。
是諸法空相《ぜしょほうくうそう》：一切の物の存在のあり方は空である、固定された永遠の実体ではなく常に変化し流転している。
不生不滅《ふしょうふめつ》：生まれもしなければ滅びもしない、ただ変化しているだけである。生を離れた滅はなく、滅を離れた生はない。
不垢不浄《ふくふじょう》：すべての存在は、本来清浄であるとも不浄であるともいえない。垢は非日常によるけがれの罪悪意識や人道に反した罪悪意識などを示す。また罪悪意識により無縄自縛《むじょうじばく》になる。
不増不減《ふぞうふげん》：万物は増えることも減ることもなく、万物のあり方が変わるだけである。真のバラモンは偉大であり業《ごう》（カルマ、前世の行いの結果で生じる報い）によって増大せず、縮小せず。
是故空中無色《ぜこくうちゅうむしき》：ゆえに空という真理のなかには何もない。
無受想行識《むじゅそうぎょうしき》：受想行識もない。
無眼耳鼻舌身意《むげんにびぜつしんい》：人間に備わっている主観的感覚器官のことで六根という。重要な順に眼界、耳界、鼻界、舌界（味覚）、身界（皮膚による触覚）、意界（思考する器官の意）があり、これらが空でありないこと。

無色声香味触法《むしきしょうこうみそくほう》：眼耳鼻舌身意の六根が感覚作用をおこす客観的対象を色声香味触法といい、六境という。眼によるのが色境、耳によるのが声境、鼻によるのが香境、舌によるのが味境、身によるのが触境、意識によるのが法境。六根と六境を合わせて十二処という。十二処は妄想邪念の温床となり、人間に欲望を起こさせ、煩悩を生む元凶だという。六境がなく空であること。

無眼界乃至無意識界《むげんかいないしむいしきかい》：六根が六境を認識する作用を六識という。眼識（見る）、耳識（聞く）、鼻識（嗅ぐ）、舌識（味う）、身識（触る）、意識（知る）があり、眼識から意識（認識）の領域までが、ことごとくない。六根、六境、六識を合わせて十八界というが十八界全てがない。眼界から意識界にいたる十八界はすべてない。

無無明《むむみょう》：釈迦は、あらゆるものごとは相互に依存し、因果関係・縁起によって条件が寄り集まれば起こる、流転すると考えた。これを十二因縁という。過去に原点を置き、無明《むみょう》（煩悩、生命の持つ生存本能、過去世から無限に続いてきている迷いの根本である無知）から始まり行《ぎょう》（行為、長年に渡って染まった心の習慣・癖、過去世の無明によって作る善悪の行業）、識《しき》（認識、意識活動、過去世の行によってうけた現世の受胎の一念）、名色《みょうしき》（肉体と精神、ものごと、胎中における心と体）、六入《ろくにゅう》（感覚器官、胎内で整う眼などの六根）、触《そく》（接触、生まれてしばらくの間は苦楽が識別できず物に触れる働きのみがある）、受《じゅ》（感受、苦楽不苦不楽好悪を感受する感覚）、愛《あい》（渇愛、愛欲、苦を避け常に楽を追求する根本欲望）、取《しゅ》（執着、こだわり、自己の欲するものに執着する働き）、有《う》（生存、我の自覚、愛取によっていろいろな業を作り未来の結果を引き起こす働き）、生《せい》（生まれる、迷いの上に迷いを重ねる）、老死《ろうし》（老いて死ぬこと、それ相応の苦悩や不安、次々と変遷する果報のありさま）で終わる。これらは連続しており、どれか一つがなくなると全てがなくなる。過去の因（無明・行）と現在の果（識・名色・六入・触受）、現在の因（愛・取・有）と未来の果（生・老死）があり、三世両重《さんぜりょうじゅう》の因果という。無明のないこと。

亦無無明尽《やくむむみょうじん》：また無明の滅尽《めつじん》することもない。

乃至無老死《ないしむろうし》：無明から老死にいたるまでの十二因縁が何もない。

亦無老死尽《やくむろうしじん》：また老死が尽きることもない。

無苦集滅道《むくしゅうめつどう》：釈迦の教えで大切なことは一つ。いかにして苦の原因を知り、これを滅却して涅槃《ねはん》に至るかということ。悟りに至るための人生の真理は四諦《したい》（四聖諦《ししょうたい》）、すなわち苦諦《くたい》（人生は苦しみである、一切皆苦）、集諦《じったい》（苦の原因を考えることで、苦の原因は煩悩にある）、滅諦《めったい》（苦の原因を滅する、苦の原因を滅ぼせば涅槃に至れる）、道諦《どうたい》（八正道《はっしょうどう》によって苦の原因を滅ぼせる）である。諦はサンスクリット語のサテイヤの意訳で真理のこと。諦めることではない。この苦集滅道の四諦がないこと。四諦を否定するのは四諦への執着を破って四諦《したい》の真意を生かすため。

無智亦無得《むちやくむとく》：教えを知ることも無く、悟りを得ることも無い。

以無所得故《いむしょとくこ》：もともと得られるべきものは何も無いからである。インドの伝統的仏教徒は有の存在を強調し、真実の姿である空を見失っていたので、有の存在を否定し無の存在を強調した。

菩提薩埵《ぼだいさった》：サンスクリット語のボディサッツーバの音訳。菩薩のこと。菩薩は求道者でもあり救済者でもある（上求菩提下化衆生《じょうぐぼだいげけしゅじょう》）。

依般若波羅蜜多故《えはんにゃはらみったこ》：ゆえに智慧の完成によって、

心無罣礙《しんむけいげ》：罣はひっかける、礙はさまたげる。あるがままに見ることができるから心を覆うものがない。

無罣礙故《むけいげこ》：心を覆うものが無いから、

無有恐怖《むうくふ》：恐れることもない。

遠離一切顛倒夢想《おんりいっさいてんどうむそう》：顛倒は道理をその通りに見ず真理を間違えること。四顛倒とは、無常を常とする、不楽を楽とする、無我を我とする、不浄を浄とすること。夢想は無常の世の中にありながら永遠なものを求めようとする無理な要求を心に描くこと。転倒した認識によって世界を見ることから遠くはなれている。

究竟涅槃《くきょうねはん》：ニルバーナの音訳で涅槃のこと。涅槃は煩悩の炎が吹き消された状態で無上に安らかで喜びに満ちた平安な心のこと。涅槃の意訳語は寂滅《じゃくめつ》、寂静《じゃくじょう》。涅槃寂静は同語反復。涅槃には二つあり、有余涅槃《うよねはん》は悟りによって到る心の涅槃、無余涅槃《むよねはん》は死によって訪れる平安。

三世諸仏《さんぜしょぶつ》：過去現在未来の永遠の時の流れの中にいる無数の仏たち。

依般若波羅蜜多故《えはんにゃはらみったこ》：ゆえに智慧の完成によって、

得阿耨多羅三藐三菩提《とくあのくたらさんみゃくさんぼだい》：サンスクリット語の音訳でアヌッタラサムヤックサンボーディ。無上正等正覚《むじょうしょうとうしょうかく》。限りなくすぐれ正しく平等である完全な目覚め、悟り。

故知般若波羅蜜多《こちはんにゃはらみった》：ゆえに智慧の完成を知る。

是大神呪《ぜだいじんしゅ》：神は不思議な霊力を意味する。呪は真言マントラ（真実の教え）のことで真理を表す秘密の言葉。これは偉大なる呪文である。

是大明呪《ぜだいみょうしゅ》：明は無明の対義語で、これは大いなる無明を打ち破る呪文である。

是無上呪《ぜむじょうしゅ》：これは無上の呪文である。

是無等等呪《ぜむとうどうしゅ》：これは比類なき呪文である。

能除一切苦《のうじょいっさいく》：すべての苦しみを除くことができる。

真実不虚《しんじつふこ》：真実であり偽りがない。
故説般若波羅蜜多呪《こせつはんにゃはらみったしゅ》：ゆえに智慧の完成の呪文を説く。
即説呪曰《そくせつしゅわつ》：即ち呪文を説いて曰く。呪文には人智の及ばない霊力が秘められている。
羯諦羯諦《ぎゃていぎゃてい》：羯諦羯諦は音訳でガテーガテー。取り除く意味。執着を取り除いて空《くう》の彼岸《ひがん》に行こう。釈迦はガンジス川支流のナイランジャナー河の畔《ほとり》で苦行を6年間するが、悟りを得られず、村娘スジャータから乳粥の供養を受け沐浴《もくよく》してから菩提樹の下で禅定と瞑想によって悟りを得たという。ナイランジャナー河の此岸《しがん》から反対側の彼岸《ひがん》に渡って悟りを得たかも知れない。
波羅僧羯諦《はらそうぎゃてい》：音訳でパーラサンガテー。僧は和合の意味。彼岸に皆で一緒に行こう。
菩提薩婆訶《ぼうじそわか》：菩提ボーディは仏の悟り。薩婆訶スバーハーは願いの成就を祈ってマントラの最後に唱える秘語。あれよかし。空海は口で真言を唱える時（口密《くみつ》）、サンスクリット語でなければ功徳《くどく》がないとして、常にサンスクリット語でマントラを唱えたという。
般若心経《はんにゃしんぎょう》：智慧の真髄の経典。

縁起《えんぎ》の教えと四法印《しほういん》

釈迦が体得した真理は法ダルマ dharma といわれ、宇宙の原理、摂理を指します。宇宙の宇とは無限の広がりを持った空間で十方世界《じっぽうせかい》をいいます。四方とは東西南北でこれに東南・西南・西北・東北の四方を加えます。さらに上下の二方を加えて十方世界となります。宇宙の宙とは無限に続く時間をいいます。過去世・現在世・未来世のことで、**仏教で宇宙とは十方三世《じっぽうさんぜ》をいいます。**先ず苦しみの真理を究めます。**四苦とは生老病死**のことで、生まれる苦しみとは、古代のカースト制度の厳しい身分の中ではスードラ、不可触民の卑しい身分は、生まれたあとはどうにもならない苦痛の生涯となります。一切皆苦は別のところで説明します。八苦は四苦に次の４つを加えます。

①**愛別離苦《あいべつりく》**：愛する者と別れる苦しみ。
②**怨憎会苦《おんぞうえく》**：憎む者と出会い接していかなくてはならない苦しみ。
③**求不得苦《ぐふとくく》**：欲しいものが手に入らない苦しみ。

④五蘊盛苦《ごうんじょうく》：心も肉体も盛んで、刻一刻様々な執着《しゅうじゃく》のために苦しんでいる。

これらの苦の原因は縁起《えんぎ》の道理（すべての物事には原因があるという道理）を通して苦の原因を探求し、真理に対する無知（無明《むみょう》）、自分や自分の所有物に執着する我執《がしゅう》、そこから生まれる欲望や怒りなどの煩悩《ぼんのう》が苦しみの原因であるとしました。煩悩の根本的なもので特に三毒《さんどく》とは、貪《とん》（満足を知らない貪欲にむさぼる心、欲望）、瞋《じん》（瞋恚《しんに》、心にたがうものに対する怒りの心）、痴《ち》（愚痴ぐち、真理から目をくらませる無知迷妄）の３つをいいます。

釈迦は、あらゆるものごとは相互に依存し、因果関係・縁起によって条件が寄り集まれば起こる、流転すると考えました。これを十二因縁といいます。過去に原点を置き、無明《むみょう》（煩悩、生命の持つ生存本能、過去世から無限に続いてきている迷いの根本である無知）から始まり行《ぎょう》（行為、長年に渡って染まった心の習慣・癖、過去世の無明によって作る善悪の行業）、識《しき》（認識、意識活動、過去世の行によってうけた現世の受胎の一念）、名色《みょうしき》（肉体と精神、ものごと、胎中における心と体）、六入《ろくにゅう》（感覚器官、胎内で整う眼などの六根）、触《そく》（接触、生まれてしばらくの間は苦楽が識別できず物に触れる働きのみがある）、受《じゅ》（感受、苦楽不苦不楽好悪を感受する感覚）、愛《あい》（渇愛、愛欲、苦を避け常に楽を追求する根本欲望）、取《しゅ》（執着、こだわり、自己の欲するものに執着する働き）、有《う》（生存、我の自覚、愛取によっていろいろな業を作り未来の結果を引き起こす働き)、生《せい》(生まれる、迷いの上に迷いを重ねる)、老死《ろうし》(老いて死ぬこと、それ相応の苦悩や不安、次々と変遷する果報のありさま)で終わります。これらは連続しており、どれか一つがなくなると全てがなくなります。過去の因(無明・行)と現在の果(識・名色・六入・触受)、現在の因(愛・取・有)と未来の果(生・老・死)があり、三世両重《さんぜりょうじゅう》の因果といいます。

釈迦が生前に説いたのはいかにして苦の原因を知り、これを滅却して涅槃《ねはん》に至るかということだけでした。悟りに至るための人生の真理は四諦《したい》(四聖諦《ししょうたい》)、すなわち苦諦《くたい》(人生は苦しみである、一切皆苦)、集諦《じったい》(苦の原因を考えることで、苦の原因は煩悩にある)、滅諦《めったい》(苦の原因を滅する、苦の原因を滅ぼせば涅槃に至れる)、道諦《どうたい》(苦を無くすための正しい修行方法である八正道《はっしょうどう》によって苦の原因を滅ぼせる)です。諦はサンスクリット語のサテイヤの意訳で真理のことで、諦めることではありません。

釈迦の縁起の教えは**四法印《しほういん》(仏教を特徴付ける四つの教え)**にまとめられます。

①一切皆苦《いっさいかいく》

②諸行無常《しょぎょうむじょう》

③諸法無我《しょほうむが》

④涅槃寂静《ねはんじゃくじょう》

一切皆苦とは現実世界の生老病死の四苦は避けられないもので、現実世界は苦であるという真理をいいます。**諸行無常**とはあらゆる存在と現象は生成と死滅を繰り返しているということです。肉体をはじめ、この世で作り上げられたものはやがて滅するという教えで、生を受けた者は必ず死に帰ります。この事実を繰り返し見つめることで、今という時のかけがえのなさが自覚されます。釈迦は「今日成すべき事を熱心になせ。死は明日に来るかもしれないのに、誰もこれを知る者はいない」と説いています。**諸法無我**とは、いかなる存在も永遠の実体を持たないこと、因果関係によりすべてのものは我ひとりでは存在せず多くの条件によって流転して存在することをいいます（**因縁生起**《いんねんしょうき》**の法**）。我々が執着しているあらゆるもの（諸法）は実際には自我やその所有物ではありません。地位や名誉、財産や家族、自分の身体などを自己の所有物であるかのように執着し、それを失うことに不安を感じているのです。時にはそれらを守るために、他者を傷つけ自らも苦しみます。釈迦は執着を断ち切るためにはその根本に在る自我への執着を無くすことが大切であると説きます。**涅槃寂静**とはこのように無常や無我の真理を繰り返し確認していくことで、苦しみが消えた心の平安、涅槃《ねはん》（ニルヴァーナ）を得ることができるといいます。涅槃は煩悩の炎が吹き消された状態で無上に安らかで喜びに満ちた平安な心のことです。涅槃の意訳語は寂滅《じゃくめつ》、寂静《じゃくじょう》。涅槃寂静は同語反復。涅槃には二つあり、有余涅槃《うよねはん》は悟りによって到る心の涅槃、無余涅槃《むよねはん》は死によって訪れる平安をいいます。有余涅槃は生者の悟りで、瞬間的に「そうだ」と大悟《たいご》（大きく悟る、決定的に悟る）したもので、身心脱落《しんじんとつらく》によって得られます。煩悩がまた現れないように悟後《ごご》の修業を続ける必要があります。

苦の原因である煩悩は八正道《はっしょうどう》によって滅ぼせるといいます。八正道の修行法は、中道《ちゅうどう》で快楽と苦行の両極端を避けています。王子としての快楽の安逸な生活からも厳しい苦行に励んだ生活からも悟りを得られなかった実体験によるものです。八正道は仕事や家庭などを捨てて仏門に入って修行する出家者のためのものです。八正道の教えをその通りに実行しても仏の悟りは開けません。最高で阿羅漢《あらかん》（仏弟子の到達できる最高の位で、これ以上学修すべきものがないとされた）の悟りまでで、仏の悟りまでは三生六十劫の長期間の修行が必要とされます。一劫は４億３４００万年です。

①**正見《しょうけん》**：正しくものを見る。ありのままに見る。
②**正思惟《しょうしゆい》**：正しくものを考える。欲、怒り、妬《ねた》み、怨《うら》みを離れて正しい意志を持つ。
③**正語《しょうご》**：正しく言葉を語る。お世辞、二枚舌、悪口、誹謗中傷、ウソを離れ、優しいあたたかい言葉をかける。
④**正業《しょうごう》**：正しい行いをする。生き物を殺す殺生、他人の物を盗む、よこしまな男女関係である邪淫《じゃいん》をしない。

⑤正命《しょうみょう》：正しい生活をする。戒律を守り正しい生き方をする。
⑥正精進《しょうしょうじん》：正しいところへ向って努力する。生きる目的達成に向って努力する。
⑦正念《しょうねん》：常に仏道に思いを凝らす。
⑧正定《しょうじょう》：正しく心を集中安定させる、正しい瞑想。

社会生活を営み仏教に帰依《きえ》（信心）した**在家信者には、仏・法《ほう》（仏の教え）・僧《そう》の三宝に帰依することに加え、五戒《ごかい》を守ることを宣言すればよいとしました（三帰五戒）。**

在家信者の五戒とは５つで、男性出家信者には２５０、女性出家信者にはその倍近くの戒律がありました。

①不殺生戒《ふせっしょうかい》：殺すな。
②不諭盗戒《ふちゅうとうかい》：盗むな。
③不邪淫戒《ふじゃいんかい》：みだらな行いをするな。
④不妄語戒《ふもうごかい》：うそをつくな。
⑤不飲酒戒《ふおんじゅかい》：酒を飲むな。

です。

菩薩とは釈迦と同じ悟りを求める者をいい、成仏を目指す者を指しましたが、大乗仏教では苦悩する衆生を救済する修行者を意味するようになり、仏ではないが菩薩そのものが信仰の対象になりました。菩薩が目指すのが六波羅蜜《ろくはらみつ》で、彼岸に到達するための、悟りを得るための方法です。

①**布施波羅蜜**《ふせはらみつ》：施しをすることです。布施は清浄なもので、施す物を施物といいます。布施をする者を施者、受ける者を受者といいます。

②**持戒波羅蜜**《じかいはらみつ》：戒律を守ることです。戒律を授かって初めて得度者《とくどしゃ》となります。出家者の儀式を得度式、在家者の儀式を受戒会《じゅかいえ》といいます。信じることを帰依《きえ》（信心）といいます。サンスクリット語のナマステで南無《なむ》は音写です。

③**忍辱波羅蜜**《にんにくはらみつ》：恥辱《ちじょく》・迫害に耐えることです。何事においても耐え忍ぶことが大切で、我慢をする教えです。

④**精進波羅蜜**《しょうじんはらみつ》：修行に励むことです。修業にも辛抱が大切で、修業は一面ではどのような素晴らしい師と出会うことが出来るかが大事です。師から何を盗み取るかというくらいの真剣に学び取る心構えが大切です。

⑤**禅定波羅蜜**《ぜんじょうはらみつ》：精神を統一することです。釈迦は禅定によって悟りを得ました。禅定は止観《しかん》ともいい、心を落ち着けて自分の考えを全て停止すると、奥から観えてくるものがあるといいます。禅は坐禅もその一つですが、禅には立禅、臥禅、行脚《あんぎゃ》、乞食《こつじき》、作務《さむ》などすべての行為が含まれます。

⑥**般若波羅密**《はんにゃはらみつ》：真実を極めることです。深い智慧を学ぶことです。

著者の既刊書である『大賢人たちと死の受容』（医薬出版）に「般若心経の現代的注釈」「般若心経の原文解釈とサンスクリット語の発音」を掲載しました。

仏説　摩訶般若波羅密多心経

「仏説　摩訶般若波羅密多心経」とは般若心経の解題《げだい》でタイトルのことです。

仏説とは釈迦が直接お説きになった経典という意味です。摩訶《まか》は摩訶不思議の摩訶で大きいさま、優れたさまをいいます。般若《はんにゃ》はパンニャー、プラジュニャーの音訳で智慧の意味です。波羅密多《はらみた》はパーラミターの音訳で此岸《しがん》から彼岸《ひがん》に到達する、悟りの境地に至るという意味です。心経《しんぎょう》（フリダヤ・スートラ）は大切な心の経典と言う意味で、インドのウパニシャド哲学では自我アートマンの宿る場所が心臓です。釈迦のお説きになった**彼岸に到達するための真実を極める智慧の大切な心の呪文**という意味です。

人間は無病息災で長く生きたいという願いと、最期は苦しみもなく安らかに死にたいという願いを抱いてきました。**仏教は生老病死という人間の宿命的苦悩を心の問題とした宗教で、彼岸に至るとは生死の苦悩を越えること、つまり死をいかに受容するかが仏教の究極的課題です。**安楽死とは、末期状態にある患者の肉体的苦痛を緩和除去し患者に安らかな死を迎えさせる治療行為です。尊厳死とは末期状態にある患者に、延命の生命操作措置をせずに人間の尊厳をもって死に至らしめる治療行為です。

生物の種という全体の立場に立つならば、個体の死はむしろ次世代につながる世代交代として、人間全体の生命を維持するものとして受け取られます。個体の死は人間特有の現象で、死が自分の死として、主体の死として自覚されるのは人間のみです。遡上してくる鮭は産卵を終えると鮭の生命は終焉を迎えます。無常とは死のことです。生あるものは必ず滅するのです。無常を無常と知り、死を死と受け止めるところに、生を離れ死を離れることが出来るといいます。その境地を涅槃と言います。インドでは涅槃即ち不死とされてきました。不死の世界、即ち神々の世界はどこに在るかといえば、地上ならぬ天界、火神アグニの力で煙と共に上昇してやっと到達できる世界であり、その時はこの世における死後のことでなければなりません。つまりインド人の不死の願いは、この世における永生ではなく、死を前提とするものでした。同時に死んでなお生き残るもの、肉体の死後それを捨てて天上に上昇し、不死の生を生きるもの、アートマン（Atman、個体の本質）と呼ばれるものが、この身の内にあることが要求されます。ことはすべて死後の他界のこととされています。釈迦の得た解答は、渇愛・煩悩の滅としての涅槃です。

初期仏教では死体の腐敗の観想が行われたといいます。死の観念を積み重ねることによって生命への執着を捨て、正知を得るのであって、死想が死を超越し、不死を得る修行法の一つであるとみなされました。真実の理法を体得して究極の境地に達した修行者は、生死を超越した境地に立っています。願い求める者には欲念があります。働きのある時にはおののきがあります。この世に生も死も存在しない者、彼らは何を恐れましょう、何を欲しましょう。我に死の恐怖は存在しません。生への愛着も存在しません。正しく認識し、正しく念《おも》い、我は疑惑を捨てるでしょう。修行者は生を欲しません。また死を喜ぶのでもありません。正しく識知し、正しく念い、死時の至るのを待つのです。心の執着をすでに断じ、何らのとらわれるところがなく、この世についてもかの世についてもとらわれるところがない完人。これが理想です。

解脱《げだつ》した人には現世もなく来世も存在しません。**初期仏教で解脱というのは、「この世における生と老とを捨て断ずること」です。解脱の境地においては、死生が存在しません。修行を完成した者は、生死を明察せる者です。**名称と形態に対する欲望を全く離れた者には、死に支配されるべきもろもろの煩悩は存在しません。この究極の境地を「不滅の境位」「不死の領域」「不死」「不老」といいます。「これは不老である。これは不死である。これは老と死とに触れられないのである。憂い無きものである。敵なく圧迫なく過失なく恐怖なく悩みがない。」仏教はこのような最高目的に達することを教えているものでありますから、仏教は「不死の門」「不死に至る門」「不死の獲得」であり、修行者の実践法である八正道は「不死に至る道」であり、修行者は「不死の境地を見る」のです。仏教は釈迦の出家の直接の動機である四門出遊《しもんしゅつゆう》でも分かるように、人の死をもっとも直接的な課題としています。従って、生死の苦悩を越えること、つまり、死をいかに受容していくかが仏教の究極的課題であります。

日本に伝えられた大乗仏教は最澄により、「**一切衆生悉有仏性**《いっさいしゅじょうしつうぶっしょう》」（誰もが成仏の素質を持つ）と説かれました。衆生は、この宇宙の原理に従うことを既に悟っていて、この事実を認識できないことが迷いであるという本覚思想《ほんがくしそう》が説かれました。さらに「**山川草木悉皆成仏**《さんせんそうもくしっかいじょうぶつ》」自然物でさえも成仏するとまで説かれました。

般若心経の経典解釈

釈迦は、人間は宇宙の原理、宇宙を支配する法則に従って生きるべきであるという考え方を持っていました。仏教はブッダの悟った真理（法、ダルマ）を教えの中心にしています。**ブッダの悟った真理そのものが仏とされました。**宇宙の真理そのものをあらわす仏が無始無終の**法身仏**《ほっしんぶつ》（教えを身体とする仏）として信仰の対象とされました。

マハバイローチャナ「万物をあまねく照らす偉大な覚者」は音訳で奈良東大寺の毘盧遮《びるしゃ》那《な》仏《ぶつ》、意訳で真言密教の本尊である大日如来《だいにちにょらい》です。そこから生まれた考え方が、**諸行無常**、**諸法無我**です。また現世の娑婆世界《しゃばせかい》の生老病死の苦は**一切皆苦**《いっさいかいく》と考え、煩悩を滅却すれば**涅槃寂静**に至れると考えました。

古代ギリシアの自然哲学は固定観念にとらわれず、自然ピュシスをありのままに観察し、**アルケー（万物の根源）**を探求するものです。ヘラクレイトス（BC535-BC475）は、アルケーは火であるといいます。生成変化するものの象徴が火であり、「万物は流転する」と説きます。この考え方は釈迦の考え方に似ています。

菩薩《ぼさつ》とは釈迦と同じ悟りを求める者をいい、成仏を目指す者を指しましたが、大乗仏教では苦悩する衆生を救済する修行者を意味します。観世音菩薩は上求菩提下化衆生《じょうぐぼだいげけしゅじょう》で上に向っては自分自身の悟りを求めて精進し、下に向っては人間を一人残らず救済する菩薩行をします。この観自在菩薩が般若心経276文字の中で釈迦の十大弟子の一人、舎利《しゃり》子《し》シャーリプトラに教えを説きますが、舎利子は衆生のことです。五蘊《ごうん》は五つの集まり。人間は五蘊がたまたま寄せ集まったもので、色（肉体、形あるもの全て）、受（感覚作用、感受する）、想（表象作用、そのものが何であるかを見極める）、行（意志作用、心がある方向に働く）、識（認識作用、自らの状態を知る）。**照見五蘊皆空**《しょうけんごうんかいくう》とは五蘊はすべて空であると明らかに見ました。仏教では紀元200年にインドの大乗仏教の哲学者である**ナーガールジュナ竜樹**《りゅうじゅ》（150-250頃）が形而上学上に**空**《くう》**の哲理**を大成しました。

空の哲理は現代物理学の真理と一致しています。水が個体の氷から液体の水となりさらに気体の水蒸気になることは知られていました。また水蒸気を含んだ、見た目には何もない空気から雲が起り雨を降らせることも知られていました。しかし全ての物質に個体・液体・気体の三体が在ることは知られていませんでした。また質量保存の法則も知られていませんでした。また恒常性ホメオスターシスを持つ生命体を除いてエントロピーは常に増大するので、死体を火葬すれば煙となって昇り、地上には骨のみが残ります。熱力学的に木を燃やせば灰だけとなり、エネルギー的にもっとも単純で安定した分子構造物に変わってしまいます。

初期仏教では不浄と見なされていた腐敗した死体の観想も行われていたといいます。このような観点から空の思想と諸行無常と諸法無我の考え方が導き出されました。空の真理は現代物理学では数学の問題をアラビア数字で解くように簡単ですが、空の哲理は数学の問題を漢数字で説くほどに難しいです。しかしそこには仏教哲学が内包されています。

度一切苦厄《どいっさいくやく》とは、煩悩を滅却することにより全ての苦しみと災いの河《かわ》を渡ったということです。迷悟を超越した空の真理にはあらゆる物事にとらわれることがありません。こだわりを捨てなさいという意味です。釈迦が生前に説いたのはいかにして苦の原因を知り、これを滅却して涅槃《ねはん》に至るかということだけでした。**色即是空空即是色**《しきそくぜくうくうそくぜしき》は、色はすなわち空であり、空はすなわち色です。**受想行識亦復如是**《じゅそうぎょうしきやくぶにょぜ》は受（感覚作用）、想（表象作用）、行（意志作用）、識（認識作用）の精神作用もまたかくのごとしであります。**是諸法空相**《ぜしょほうくうそう》とは、一切の物の存在のあり方は空であり、固定された永遠の実体ではなく常に変化し流転しているということです。**是故空中無色無受想行識**《ぜこくうちゅうむしきむじゅそうぎょうしき》とは、ゆえに空という真理のなかには色はないし、受想行識もないということです。

眼耳鼻舌身意《げんにびぜつしんい》は人間に備わっている主観的感覚器官のことで六根といいます。重要な順に眼界、耳界、鼻界、舌界（味覚）、身界（皮膚による触覚）、意界（思考する器官の意）があり、死んで無余涅槃になればこれらはなくなるので煩悩は消えてしまいます。**色声香味触法**《しきしょうこうみそくほう》は眼耳鼻舌身意の六根が感覚作用をおこす客観的対象を色声香味触法といい、六境といいます。眼によるのが色境、耳によるのが声境、鼻によるのが香境、舌によるのが味境、身によるのが触境、意識によるのが法境。六根と六境を合わせて十二処といいます。十二処は妄想邪念の温床となり、人間に欲望を起こさせ、煩悩を生む元凶だといいます。十二処がなくなれば煩悩は消えてしまいます。**眼界乃至無意識界**《げんかいないしむいしきかい》は六根が六境を認識する作用を六識といいます。眼識（見る）、耳識（聞く）、鼻識（嗅ぐ）、舌識（味う）、身識（触る）意識（知る）があり、眼識から意識（認識）の領域までが、ことごとくない。眼界から意識界にいたる十八界はすべてない。無余涅槃の境地です。

十二因縁《じゅうにいんねん》は人間の肉体生成を十二種の法則に分類し、心の変化にも十二に分かれた因縁の法則が在るという教えです。その内容は我々の人間の肉体がどのような過程で生まれ成長し、老死に至るかを過去・現在・未来の三世に渡って千変万化《せんぺんばんか》する人間の心の有様を示したものです。釈迦は、あらゆるものごとは相互に依存し、因果関係・縁起によって条件が寄り集まれば起こる、流転すると考えました。これを十二因縁といい、無明、行、識、名色、六処、触、受、愛、取、有、生、老死をいいます。過去に原点を置き、無明《むみょう》（煩悩、生命の持つ生存本能、過去世から無限に続いてきている迷いの根本である無知）から始まり老死《ろうし》（老いて死ぬこと、それ相応の苦悩や不安、次々と変遷する果報のありさま）で終わります。これらは連続しており、どれか一つがなくなると全てがなくなります。過去の因（無明・行）と現在の果（識・名色・六入・触受）、現在の因（愛・取・有）と未来の果（生・老・死）があり、三世両重《さんぜりょうじゅう》の因果といいます。無明を無くさない限り、親や祖先の無明が子や孫に受け継がれ、束縛から逃れることなく、苦楽の意識を継続して最後に老死を迎えます。

依般若波羅蜜多故心無罣礙無罣礙故無有恐怖遠離一切顛倒夢想《えはんにゃはらみったこしんむけいげむけいげこむうくふおんりいっさいてんどうむそう》とは、ゆえに智慧の完成によってあるがままに見ることができるから心を覆うものがありません。心を覆うものが無いから恐れることもありません。悟りの境涯では生死のこだわり、生老病死という四苦のこだわりが無いので恐怖がなくなります。生きたいという欲望がなくなり老死のこだわりもなくなります。顛倒は道理をその通りに見ず真理を間違えることです。四顛倒とは、無常を常とする、不楽を楽とする、無我を我とする、不浄を浄とすることです。夢想は無常の世の中にありながら永遠なものを求めようとする無理な要求を心に描くことです。転倒した認識によって世界を見ることから遠くはなれていることです。

究竟涅槃《くきょうねはん》はニルヴァーナの音訳で涅槃のことです。涅槃は煩悩の炎が吹き消された状態で無上に安らかで喜びに満ちた平安な心のことです。涅槃には二つあり、有余涅槃《うよねはん》は悟りによって到る心の涅槃、無余涅槃《むよねはん》は死によって訪れる平安です。**得阿耨多羅三藐三菩提《とくあのくたらさんみゃくさんぼだい》**はサンスクリット語の音訳でアヌッタラサムヤックサンボーディ。無上正等正覚《むじょうしょうとうしょうかく》。限りなくすぐれ正しく平等である完全な目覚め、悟り。**是大神呪《ぜだいじんしゅ》是大明呪《ぜだいみょうしゅ》是無上呪《ぜむじょうしゅ》是無等等呪《ぜむとうどうしゅ》能《のう》除一切苦真実不虚《じょいっさいくしんじつふこ》**とは、神は不思議な霊力を意味します。呪は真言マントラ（真実の教え）のことで真理を表す秘密の言葉。これは偉大なる呪文です。明は無明の対義語で、これは大いなる無明を打ち破る呪文です。これは無上の呪文です。これは比類なき呪文です。すべての苦しみを除くことができます。真実であり偽りがありません。**故説般若波羅蜜多《こせつはんにゃはらみった》呪即説呪曰《しゅそくせつしゅわつ》**とは、ゆえに智慧の完成の呪文を説きます。即ち呪文を説いて曰く。呪文には人智の及ばない霊力が秘められています。

羯諦羯諦波羅僧羯諦菩提薩婆訶般若心経《ぎゃていぎゃていはらそうぎゃていぼうじそわかはんにゃしんぎょう》とは、羯諦羯諦は音訳でガテーガテー。取り除く意味です。執着を取り除いて空《くう》の彼岸《ひがん》に行こう。音訳でパーラサンガテー。僧は和合の意味です。彼岸に皆で一緒に行こう。菩提ボーディは仏の悟りです。薩婆訶スバーハーは願いの成就を祈ってマントラの最後に唱える秘語です。あれよかし。智慧の真髄の経典。

釈迦入滅の時に弟子の阿難《あなん》に説いた最後の教えは、**自燈明法燈明《じとうみょうほうとうみょう》**で、己を頼りに己の道を進み、正しき法を頼りにして正しき方向に進み、他者を頼らず自らを救うことでした。

この自らが進むべき道を自らが悟るためには、必ず戒律・禅定・智慧などの仏道修行が要求されます。

西洋哲学は論理学で書物と思索で真理に到達できますが、東洋哲学は実践哲学で必ず修行と実体験を伴います。釈迦が体験した無我の境地を追体験することは、釈迦の後継者たちにとって容易なことではありませんでした。般若心経の最後の部分は呪文を唱えることで、この人智の及ばない霊力が秘められている呪文、マントラによって神秘体験が会得できるのです。釈迦自身は呪文のような神秘的なものは否定的であったといわれます。しかし釈迦の追体験にはどうしても呪文による神秘体験が不可欠です。

玄奘訳の音読みでも構わないのですが、サンスクリット語は母音の響きが素晴らしいので、映画音楽でもしばしば英語をサンスクリット語に翻訳してコーラスで使われます。現在では you tube でサンスクリット語の般若心経を聞くことができます。空海は口で真言を唱える時（口密《くみつ》）、サンスクリット語でなければ功徳《くどく》がないとして、常にサンスクリット語でマントラを唱えたといいます。法悦の境地にいざなう仏様の有難い呪文です。

人は宇宙に生き、宇宙を支配する法則に従って生きています。**インドのウパニシャド哲学ではヨガなどの修行により梵我一如《ぼんがいちにょ》を悟れば輪廻《りんね》から脱出して解脱《げだつ》できるといいます。梵とはブラフマンで宇宙の根本原理ロゴスとほぼ同一です。梵我一如とは、自我アートマ**

ンと宇宙とが究極的に同一であることを意味します。ウパニシャド哲学では、アートマンは霊魂で不滅ですが、仏教では自我は不滅ではありません。

第3章　セネカの哲学

セネカの生涯

ルキウス・アンナエウス・セネカ（Lucius Annaeus Seneca,BC1-65）は、ストア派の古代ローマ帝国最大の哲学者です。その哲学は簡明で分かりやすく、２０００年を経過した今日でも幅広く読まれています。

セネカは、ローマ帝国のスペインのヒスパニア・バエティカ州都コルドバで生まれました。騎士階級に属する裕福な地主でした。父は雄弁術にたけ大セネカと呼ばれましたが、家系からは元老院議員になった者はいませんでした。12‐13歳の頃、父母と共にローマに移住しました。雄弁術や修辞学を学び、哲学を専攻します。20年頃重篤な呼吸器疾患（肺結核と喘息）を患い、一時は自殺も考えます。本格的な療養も兼ねてエジプトへ向います。31年ローマへの帰路に就きます。33‐35年まで財務官となり、その後元老院議員となります。雄弁術と哲学者としての知名度から元老院内での存在感を示します。

41年皇帝カリグラが暗殺されます。クラウディウスが皇帝に即位します。皇后のメッサリナはカリグラの妹のリウィッラとセネカが不義の関係にあったとしてセネカをコルシカ島に追放します。48年メッサリナは皇帝暗殺を企て、クラウディウスによって処刑されます。アグリッピナがクラウディウスの皇后となります。49年アグリッピナはセネカをコルシカ島からローマへ復帰させます。アグリッピナは前夫との間の子ドミティウス（37-68）を皇帝（のちの皇帝ネロ）にすることをセネカに託します。50年皇帝クラウディウスはドミティウスを養子とします。アグリッピナはセネカをドミティウスの家庭教師に起用し執政官にも就任させます。

54年、皇帝クラウディウスが毒キノコで中毒死して、ドミティウスが皇帝ネロとして即位します。「ネロの5年間」「5年の良き時代」が行われます。その後、ネロが次第に精神に混乱を来たし、自分の地位に対する脅威と見なした身内に殺意を抱く姿を目《ま》のあたりにします。ネロの側近を務めた15年の間、セネカは論考的な文章を出版し続け、困難な時代を生き抜くために必要な視野の広い人生哲学を、友人や仲間の政治家たちに提供し続けます。62年セネカはローマ帝国から得た財産全てをネロに返却し今後は研究の為に生涯を捧げたいと申し出ます。ネロは政治のアドバイザーをセネカに要請しますが、政治の第一線からは退くこととなりました。65年ネロはネロの暗殺計画（ピソ事件）にセネカが加担したとして、セネカに自害を命じます。セネカは年の離れた妻パウリナを抱きしめると、パウリナは自分も自殺覚悟だといいます。２人で腕の血管を切ります。衰弱したセネカは失血死できません。互いの苦しみを見ないよう妻は別室に移されます。セネカはソクラテスと同じ毒人参を飲みますが、手足が冷えきっており毒が効きません。セネカは熱湯を張った風呂に入り浴場の発汗室に運ばれ、蒸気によって息絶えました。葬儀は行われず、遺体は火葬されました。ネロの残忍な性格であれば、弟を殺し、母を殺し、妻を自殺に追い込めば、あとは師を殺害する以外に何も残っていませんでした（タキトゥス、年代記）。

倫理についての書簡集――恐れを手放す

生きることは死に向う旅に過ぎず、人は生まれた瞬間から、日々死に向ってゆくものだ、というのがセネカの考え方です。死の受容の重要性を訴え、その意識の中には常に死の概念がありました。その思想はおおむね次の5つのテーマからなります。

①死の普遍性
②人生の最後に訪れ、かつ人生に決定的な影響を及ぼす死という経験の意義
③自然の摂理における死の役割
④死によってもたらされる、肉体からの魂の開放
⑤肉体的な苦痛や隷従《れいじゅう》によって価値を失った人生、或いは道徳を脅かす残忍な君主から、自己を開放するための自殺

セネカはストア派の哲学者でした。名誉や財産、社会的な地位は「アディアフォラ

Adiaphora, 重要ではないこと」とされ、それ自体は幸福も不幸ももたらさないとされました。当時は皇帝の命令一つで人の命が奪われ人生を破滅させられることがしばしばでした。セネカは多くの人びとが権力者に強いられて、自ら命を絶つ姿を目にしてきました。したがって残虐な君主によって個人の自由が脅かされたり、病魔によって健康が永続的に損なわれたりすることで、宇宙の摂理であるロゴスとの調和が失われる場合には、生よりも死を選ぶ方が望ましいと考え、自殺や尊厳死を正当化しました。死は恐れるようなものではなく、詩人が語る冥界ハデスの怪物や地獄の苦難もただの作り話に過ぎません。苦痛に満ちた死や処刑を待つより、自ら命を絶つことを選んだ者を肯定的に語ることもあれば、自殺を踏みとどまった者の強い精神力を褒め称えることもありました。セネカにとって「よい死を遂げること」が何よりも重要でありました。人が死を迎えるのは一度限りであり、その時は何の前触れも無く訪れる可能性が大きい。だからこそ、あらかじめ死について考え、常に備えておくことが、必要不可欠です。人生の最後に訪れる死との向き合い方が、人の生き様を大きく左右します。

我々を縛りつけている鎖は、ただ一つ、生きることへの愛着です。たとえそれを手放せないとしても、減らしていくようにすべきです。そうすれば、しかるべき時が訪れても、未練にとらわれたり、覚悟を邪魔されたりせずに、なすべき事を直ちになせるでしょう。

死とはあらゆる苦しみからの解放であり、この世の不幸がそこで途切れる終着点です。**生きることに過剰な価値を置くのはやめて、命は取るに足らないものだと考えなくてはなりません。**現実には命を落としかけたことがある者や、迫り来る死を一度でも受け止めようとしたことがある者が、死に対する人間の心の揺らぎを最も的確に語ってくれます。死を恐れるなど、老いを恐れるのと同じくらい、愚かなことです。若さの後には老いがやって来て、老いの後には死がやってくるものなのだから。死にたくないという者は、生きることをも拒んでいるのです。命とは果てることを条件に授けられており、最後にたどり着くところは、誰もが皆同じなのです。ならば死を恐れることは道理に合いません。なぜなら恐怖とは不確実なものに対して抱くものなのだから。確実に起る出来事については、それが起るのをただ待てばよいのです。

私は人生を恨むことなく死を迎える者、死を受け入れようとする者にこそ心を打たれます。死を苦しみだと感じる原因は我々自身にあります。人は、死が間近に迫っているのを確信している時にしか、恐怖を感じないのです。確かに死はあらゆる時に、あらゆる場所で待ち構えています。死が間近に迫っていない者などいません。死を恐れる原因は、死そのものではなく、人が死についてあれこれと巡らせている考えにあります。死と我々の距離は、常に相変わらず一定なのです。もし死を恐れるのであれば、たえず恐れていなくてはなりません。人間が死を免れている時など、一瞬たりともないのですから。決して死を恐れぬよう、常に死について考えておくことです。

人間の心には、消滅することを嫌がる感情だけでなく、自己愛や自分を守りたいという欲求が、深く植えつけられています。それゆえに、**自分が消えてしまうと、多くの素晴らしいものが奪い取られて、慣れ親しんできた様々な事柄から、引き離されるように感じます。**また我々は今いるところについては知っていますが、その後に辿り着くのがどんなところかを知らず、未知のものに恐怖を抱きます。これもまた、人が死を敬遠する理由でありましょう。さらに人間は本能的に暗闇を恐れますが、死はまさしく暗闇の中へ連れて行かれることだと考えています。死を見据え、それが目前に迫っても耐えられるようになるには、修練を重ねて、強い心を養う必要があります。

人は地獄へ行くのを恐れるものですが、それと同じくらい、**自分がどこにも存在しなくなる、ということに恐怖を感じるものです。勇敢に死ぬ、ということが人間の精神のなし得る最も立派な行いの一つとして尊ばれるのは当然でありましょう。**死そのものが善悪とは無関係だからこそ、人は死を通じて徳をなそうとするのです。死の扱い方さえ心得ていれば、我々を縛りつけるものは何もないのです。賢人の精神を持てば死から自由になれます。肉体が精神を支配するのではなく、精神が肉体に対して責任を持つようになります。

自由な心をもった人間は、決して己の体に縛られることはありません。死が訪れると、道理をわきまえた者の魂は静かに体を離れてゆき、偉大な精神をもつ者の魂は軽やかに飛び出してゆきます。残された肉体がどうなるかなどとは、振り返りもしないのです。

未練を残さない

「息子の死は、あまりに早すぎた。まだ、あんなに若かったのに」とあなたはおっしゃるかもしれません。我々はこの世に生れ落ちた、と思ったのも束の間、すぐにまた次にやって来る者のために、道を空けてやらねばなりません。人の世で起る出来事は、どれもはかなく、瞬く間に過ぎてゆきます。とどめない時間の流れのなかでは、すべてが無に等しいのです。万物は、人知を超えた無限の時の広がりの中で、循環しながら月日を重ねているに過ぎません。**「長生きをした」と思えるような生き方はただ一つ、人生を生き尽くすことです。**早逝にも長寿にも違いはありません。人生は長さではなく、質で評価されるべきであり、長生きすること自体が望ましい訳ではありません。**人間の快楽や身体的な経**

験は、ある時点で「満足した」「もう十分だ」と感じる段階に達します。セネカは、人生においてもそうした充足感を得られるように務めるべきであり、また自分自身はそのように生きてきた、と述べています。

今までのように欲を持つのをそろそろ止めにしよう。少なくとも、私はそう務めている。年老いてまで、子供時代と同じものを欲しがりたくはない。**私は、毎日が人生の縮図となるように生きている。今日が最後になってもよい、と思えるように過ごしている。**あとどの位生きられるのか、などという思いに気をとられたりしないということは、私はすでに、人生を十分に生きられたのだろう。**歳をとる前は、よい生き方をするように心がけてきた。歳をとった今は、よい死に方ができるように心がけている。よい死に方とは、死を快く受け入れることである。**なによりも、自分の最後を悲観的にとらえてはならない。そのためには、生きる覚悟よりも先に、まずは死ぬ覚悟を決めなくてはならない。

人は、人生に必要なものがすでに十分に与えられているというのに、それでもなお貪欲に求め続けます。絶えず何かが欠けている、と感じる者にとって、その感覚が消えることはないでしょう。なぜなら、**満ち足りた人生かどうかは、生きた年月の長さではなく、自**

分の心のあり方によって決まるからです。

ルキリウスよ。私は「生き尽くした」と言えるほど十分に生きた。死を待つわが心に、何も悔いはない。生きていること自体は、大したことではない。君の奴隷たちだって生きているし、動物だって皆生きている。**大切なのは、穏やかな心で、堂々と立派に死んでゆくことだ。**今までどれだけの時間、同じ事を繰り返してきたのかを考えてみてごらん。食事、睡眠、色事、それ以外には何もないのではないかね。かつて存在しなかったように、君はいずれ存在しなくなる。過去も未来も、君には関係がないのだ。限られた時の中に産み落とされた命を、どこまで引き延ばそうというのか。何を泣くことがあるのか。何を望むというのか。どれも、無意味な抵抗に過ぎない。大いなる力によって決められているその定めを、自らが選んだ定めにしてしまえばよい。堂々と死ぬことのできない生き方は、隷従そのものなのだ。

自分を堕落させて足を引っ張るような快楽を君はすべてやり尽くしている。もはや、その目に新鮮に映るものなど一つもない程、何もかも嫌というほど味わったではないか。**葡萄酒《ぶどうしゅ》の味も蜂蜜酒《はちみつしゅ》の味も君は知り尽くしている。牡蠣《かき》や鯔《ぼら》（からすみ）の味だって、よく知っている。欲望のまま、ありとあらゆるものに手を出してきた君には、向こう数年は**

料金受取人払郵便

大阪北局
承認
7000

差出有効期間
2026年10月
31日まで
（切手不要）

郵便はがき

5538790

018

大阪市福島区海老江5-2-2-710

㈱風詠社

愛読者カード係 行

ふりがな お名前		大正 昭和 平成 令和 年生 歳	
ふりがな ご住所	□□□-□□□□	性別 男・女	
お電話 番号		ご職業	
E-mail			
書名			
お買上 書店	都道府県 市区郡	書店名	書店
		ご購入日	年 月 日

本書をお買い求めになった動機は？
1. 書店店頭で見て　2. インターネット書店で見て
3. 知人にすすめられて　4. ホームページを見て
5. 広告、記事（新聞、雑誌、ポスター等）を見て（新聞、雑誌名　）

風詠社の本をお買い求めいただき誠にありがとうございます。
この愛読者カードは小社出版の企画等に役立たせていただきます。

本書についてのご意見、ご感想をお聞かせください。 ①内容について
②カバー、タイトル、帯について
弊社、及び弊社刊行物に対するご意見、ご感想をお聞かせください。
最近読んでおもしろかった本やこれから読んでみたい本をお教えください。
ご自分でも出版してみたいというお気持ちはありますか。 ある　　ない　　内容・テーマ（　　　　　　　　）
出版についてのご相談（ご質問等）を希望されますか。 する　　しない

ご協力ありがとうございました。

※お客様の個人情報は、小社からの連絡のみに使用します。社外に提供することは一切ありません。

目新しいものなど現れないだろう。結局のところ、君がこの世を去る時に手放したくないと思っているのは、こうしたものに過ぎない。君が死ぬのを拒むのは、元老院の議場や、公共広場やこの自然界を去るのが、名残り惜しいからではない。食料市場に未練を感じているだけだ。しかしそこでやり残したことなど、一つもないではないか。君は生きたがっている。ならばどう生きるべきかを知っているのか。君は死を憂えている。いったい何故だ。その人生は、死そのものだというのに。君は死を恐れている。だが、はたして君は今、生きているのか。**死ぬことも、人生に課せられた義務の一つである。**君は何も途中で放り出したりはしない。果たすべき務めの数などもともと定められていないのだから。**人生は芝居のごとし。どれほど長いかではなく、どれほど素晴らしく演じられたかが肝心なのだ。どこで終わりにするかは、問題ではない。**

親愛なるルキリウスよ。人は毎日のように、運命にむかって文句を言っている。「いったいどうしてあの人は道半ばにして逝ってしまったのか。どうしてこの人は、自分自身が他人のお荷物になりながら、生き続けているのか。」君が自然の摂理に従うのと、自然の摂理が君に従うのでは、どちらが理にかなっているだろうか。必ず去らねばならない場所をいつ立ち去ろうと、大した違いはない。長く生きるには運命の手を借りる必要があるが、満たされた人生になるかどうかは自分の心掛け次第である。**生き尽くせば人生は十分に長**

い。他人に心を預けるのを止めて自分にとって本当に良いものを取り戻せば、人生は満ち足りたものとなる。80年の月日を無為に過ごしたとして、いったい何になるというのか。それは、生きたというよりも、人生に長く居座っていただけであり、年老いてから死んだのではなく、死ぬまでに長い時間がかかっただけである。肝心なのはいったいどの時点から死んでいたかということである。80年も生きた人がいる、違う。その人は80年間そこにいただけなのだ。寿命があと数年延びる、というなら、私も拒みはしない。しかし、たとえ早々と死ぬことになっても、欠けているものなどない幸せな人生だった、と言うだろう。それは、自分が死ぬのはまだ先のことだなどと、欲張りな希望を抱いて悠長に構えずに、毎日を人生最後の日のように思って生きてきたからである。寿命というのは、人間の力が及ばぬところで操られており、自分がどれほど長く生きるかを、自分自身が決めることはできない。しかし、本来あるべき生き方で、どれほど長く生きられるかは、自分自身なのだ。暗闇の中を進んでいくような惨めな一生を送るな。己の人生を素通りせずに行きつくしてみよ。

完全なる人生とはどのようなものか。それは叡智《えいち》を手にすることのできる人生である。それを成し得る者とは、ただ時間をかけて、遠くに辿り着く者ではなく、時間と関係なく最も気高い理想を体現できる者である。剣闘士は試合の最終日に殺されるほうが、途中の試合日に殺されるよりも幸せだなどとは思ってはいないだろう。ある者は死に、またある者が死ぬまでの時間の差も、同じことである。死はどの人間にも訪れる。人を殺《あや》めた者も、殺められた者のすぐ後に続いてゆく。つまり我々は、きわめて些細なことに対して、きわめて大きな不安を抱いている。決して避けて通れぬ出来事を、いつまで避けていられるかなど、意味のないことではないかね。明日という日さえ意のままにならない我々が、人生を計画通りに進めようとするのは、浅ましいことである。

物事を始める時、先の先まで思い描こうとする者は、大きな思い違いをしている。「これを買おう。あれを建てよう。貸付をして、取り立てよう。名声を手に入れよう。年老いてくたびれたら、のんびりと余生を過ごそう。」どれほど幸運に恵まれた人間でも、確実なものは何もない。誰一人として、一切未来のことを当てにしてはいけないのである。死は常にすぐそばにある。しかし我々は、死を他人事《ひとごと》のようにしか考えていない。そのせいで、人の命のはかなさを思い出させる出来事が何度繰り返されても、我々は驚きこそすれ、それに心を留めようとはしないのだ。ルキリウスよ。のんびりとしてはいられない。その日その日を、一度切りの人生で在るかのように精一杯過ごすのだ。希望にすがって生きている者に忍び寄って来るのは、貪欲さと、それ自体が哀れであるばかりか、あらゆる卑しさの原因となっている、死への恐怖なのだ。

自己解放としての自殺——苦しみを断ち切る

セネカは皇帝ネロに15年間仕えた執政官です。カリグラやネロは非常に強い猜疑心の持ち主で、権力の乱用に異を唱えた者には自殺を命じ、背徳を疑われた大勢の市民が自殺を命じられ、従わない場合には処刑され財産まで没収されました。権力による命令を逃れた自らの決断に基づく自殺は、セネカにとって特に重要な意味を持っていました。

大切なのはよく生きることであり、長く生きることではない。そして、よく生きるためには、長生きをしないほうが良いことも往々にしてある。死とは幸福に終止符を打つこともあれば、不幸を遠ざけることもある。老人の疲れや退屈を終わらせることもあれば、前途洋々たる若者の青春を奪い、人生の厳しさすらまだ知らぬ少年を、生まれる前の状態へ引き戻すこともある。断言しよう。この世に生まれることが、単なる苦しみにならずに済むのは、死のおかげである。迫り来る危険を前にして、気丈さを保てるのも、他人に支配されることなく、汚れなき精神を保てるのも、死の存在があってこそに他ならない。私が生きることを愛《いと》おしく思えるのも、死という恩恵のおかげである。

自殺とは自分を解放することである。冷酷な人殺しの命令に甘んじて従え、とはいわない。私が示したいのは、どのような支配を受けていようとも、自由への道は開かれているということだ。

その苦しみを終わらせる術なら、あたりを見回せば、そこかしこに在るだろう。

あの険しい崖をみよ。落ちた先には自由がある。

あの海や川や井戸を見よ。水底には自由が広がっている。

あの低くしなびた不吉な木を見よ。枝からは自由が垂れ下がっている。

その首、喉、心臓をよく見てみよ。どれもが屈従から逃れる道である。

それとも、強い意志と体力を要求するこれらの道は、君が選ぶには難しすぎるだろうか。

神々は人間のために死をたやすいものにした。「とりわけ、おまえたち人間が不本意のまま生きながらえることがないよう、配慮してやったのだ。出口は常に開いている。戦うことを厭《いと》うなら逃げればよい。人間が避けて通れぬ経験のうちで、死を最もたやすいものにしてある。」この世を去る時の方が、この世にやって来る時よりも、手間取らぬようにしてある。自然界からその身を立ち切り、与えられた命をつき返すことが、いかにたやすいか、あらゆるとき、あらゆる場面で、学ばねばならない。死とは限りなく近いところにある。急所などはない。どこを選んでも、道は開かれているのだ。

肉体がその役割を果たせなくなった時には、そこでもがいている魂を、引っ張り出してやるべきではないだろうか。肉体の衰えを知らぬまま、長寿をまっとうする者などはほとんどおらず、大半の人間にとって人生とは、何の意味もなくただそこに存在しているだけである。痛みそのものに耐えられないからではなく、この世を生きるに値するすべての理由が痛みによって失われてしまうからである。

苦しみを言い訳にして死ぬ者は気概のない臆病者である。しかし、ただ苦しむために生きる者は、単なる愚か者である。**人生とは、いつまでもしがみつくようなものではない。**肝心なのはよく生きることであり、ただ生きることではないのだ。**賢人は長生きをしようとするのではなく、自分に与えられた時間を全うしようとする。どこで、どのような人と、どのように生きるべきか、一体自分が、何をすべきかを、慎重に考える。思い巡らせるのは、人生の中身であり、長さではない。賢人にとっては、自ら用意する死も、自然に訪れる死も同じことであり、死期が早まろうとも、先になろうとも、違いはないのである。命とは、**肝心なのは、死期が近いかどうかではなく、よい死を遂げられるかどうかである。**どんな犠牲を払ってでもすがる程のものではない。**

年の離れた年下の妻ポンペイア・パウリナには体に気をつけるよう、常に言われている。彼女の命は、私の命にかかっているのだから、彼女のためにも自分をいたわろうと思う。**よき人間とは、自分が生きたいだけ生きるのではなく、自分が生きる必要があるだけ生きるものだ。死のうという思いにばかり執着して、伴侶や友人のために長生きする価値はないという者は、自分の事しか考えていないのである。**己の心が死を望むようになったら、もしくは己の心そのものが枯れ始めていると感じたら、ひとたびそこで立ち止まり、家族や友人に尽くさなくてはいけない。**誰かのために死を思いとどまるのは、大いなる精神を持っている証《あかし》である。**

「死にたい」という言葉ほどみっともないものはない。死にたいと言う者は、実際には死ぬことなど望んでいないのだから、むしろ生きることや健康を、神々に願うべきである。もしも本当に死を望むなら、それは叶えられるだろう。すなわち、これ以上死を願わずに済むようになる。

この世に生まれた者には、死が約束されている。与えられたものを自らの喜びとし、それを返すように求められた時には、元の所へ帰そうではないか。道半ばにして人生に見放される者もいれば、始まったばかりの命を奪われる者もおり、そうかと思えば、老いの極みに達して、くたびれ果てて、死を願いながらようやく逝かせてもらえる者もいる。かかる時間はそれぞれだが、自然の力が万物を一つの終焉へと追いやる。存在するものはいずれ存在しなくなる。消え去るのではなく分解されるのである。生と死もまた、森羅万象のごとく、交互に繰り返されている。創造から破壊へ、破壊から創造へ、という営みのために、神がたえず、その御業《みわざ》で宇宙を導いている。自然と融け合い、一つの全体に還ってゆく、ということである。**生きる喜びを感じるには、死の不安を手放さねばならない。どれほど貴いものも、失う覚悟を持ち合わせていなければ、ありがたみを感じることはできない。結局のところ、死という運命を受け入れることが、何よりも死の恐怖を和らげてくれるのだ。**

人生とは時間である

ルキウス・アンナエウス・セネカ（Lucius Annaeus Seneca,BC1-65）は、皇帝ネロの家庭教師であり、執政官を15年間勤めました。その間に悲劇・喜劇・随筆・書簡を残し、著作としては「怒りについて」「人生の短さについて」「寛容について」などがあります。「人生の短さについて」は歳の離れた妻の父親に当てた書簡で、当時父親のパウリヌスはローマの穀物管理官の要職にありました。ローマは自給自足経済が出来ず、ローマ市民へのパンの調達が滞れば暴動の起ることもありました。

大部分の人間たちは死すべき身でありながら、パウリヌス君よ、自然の意地悪さを嘆いている。その理由は我々が短い一生に生まれついているうえ、この短い期間でさえも速やかに走り去ってしまうから、人生の用意がなされたとたんに人生に見放されてしまうというのである。医聖ヒポクラテス（BC460-375）は「生は短く術は長し」という。アリストテレス（BC384-BC322）（『大賢人たちと死の受容』「アリストテレスと万学の祖」）は、「寿命という点では、自然は動物たちに人間の5－10倍も長い一生を引き出せるように許して置きながら、数多くの偉大な仕事のために生まれた人間には、遥かに短い期間しか存在しない」と云っている。しかし我々は短い時間を持っているのではなく、実はその多くを浪費しているのである。**人生は十分に長く、その全体が有用に費やされるならば最も偉大なことをも完成できるほど十分に与えられている。**我々は短い人生を受けているのではなく、我々がそれを短くしているのである。なぜ人生を短いと感じるのであるか。才能や富に恵まれ、外からは充実した生活に見える生き方でさえ、それを守るために汲々としているに過ぎない。互いに他人のために時間を使いあっているだけで、自分のために時間を使っていないからである。多くの者たちは他人の運命のために努力するか、あるいは自分の運命を嘆くかに関心を持っている。財産を守ることには吝嗇《りんしょく》であっても、時間を投げ捨てる段になると、最大の浪費家に変わる。無意味な悲しみ、愚にもつかない喜び、尽きることのない欲望、どれだけの人生を消費したのか。諸君は永久に生きられるかのように生きている。諸君の弱さが諸君の念頭に浮かぶことは決してない。すでにどれ程の時間が過ぎ去っているかに諸君は注意しない。満ち溢れる湯水でも使うように諸君は時間を浪費している。

多忙な人間はどのように人生を浪費するか

神皇アウグストゥス（BC63-14）は、最も大きな権力を持ち、最も高位に登った人物で、暇を求め暇を讃え暇は自分のどの幸せにも勝るといった。いつかは自分のために生きようという、偽りではあるが楽しい慰めによって自分の労苦を慰めていた。公的な人生の成功と個人としての人生の納得とは異なり、どんな偉大な人物も自分のための休息を求めたと

いう話である

多忙な人間には何事も十分に成し遂げることは不可能である。実際多忙な人に限って、生きること、すなわち、よく生きることは最も稀である。**生きることは生涯をかけて学ぶべきことである。**そしておそらくそれ以上に不思議に思われるであろうが、**生涯をかけて学ぶべきことは死ぬことである。**多くの大偉人は一切の邪魔物を退け、財産も好色も快楽も捨てたうえ、ただいかに生きるかを知ろうとする、このことのみを人生の最後まで唯一の目的とし続けた。にも拘わらず彼らの多くは、まだそれが分からないと白状して人生を去ったほどである。**偉大な人物、つまり人間の犯すもろもろの過失を超絶した人物は自己に時間から何一つ取り去られることを許さない。それ故に、この人生は極めて長い。用いられる限りの時間を、ことごとく自分自身のために当てているからである。**これに反し自分の生活から多くのものを大衆に奪われた連中には、時間の足りなかったことは全く当然のことである。

誰も皆自己の人生を滅ぼし、未来に憧れ現在を嫌って悩む。然るに**どんな時間でも自分自身の必要のためにだけ用いる人、毎日毎日を最後の一日と決める人、このような人は明日を望むこともないし恐れることもない。**何故というに、新しい楽しみのひと時が何をもたらそうとも、それが何だというのだろうか。何よりも尊いものである時間が、もてあそばれている訳である。その上、時間は無形なものであり、肉眼には映らないから人々はそれを見失ってしまう。それ故にまた、最も安価なものと評価される。君は多忙であり、人生は過ぎ去ってゆく。やがて死は近づくであろう。そして好むと好まざるとを問わず、遂には死の時を迎えねばならない。彼らはますます良い生活が出来るようにと、ますます多忙を極めている。生活を築こうとするのに、生活を失っているのだ。彼らは自己の企てを遠い将来に向って整えている。多忙に追われている者たちの心は今なお幼稚であるのに、彼らの心を老年が不意に驚かせる。先が見えなかったため、用意も防備もないままに達した老年である。彼らは思いもかけぬうちに老年に陥る。老年が日々近づいていることに気がつかなかったのである。多忙に追われている者たちには、終点に至らなければそれが分からないのである。

過去の時と現在の時と未来の時

人生は三つの時に分けられる。過去の時と現在の時と未来の時である。このうち我々が現在過ごしつつある時は短く、将来過ごすであろう時は不確かであるが、過去に過ごした時は確かである。この過去を放棄するのが、多忙の者たちである。彼らには過去のことを振り返る余裕がなく、またたとえあったとしても、悔やんでいることを思い出すのは不愉快だからである。あらゆる雑務から遠く離れて人生を送っている人々にはその人生は十分に長い。怠慢ゆえに失われるものはなく、不要なものも全くない。言ってみれば、その全部が丸々収入なのである。それ故、その人生はいかに小さくとも十分に満ち足りており、従っていつ最後の日が訪れようとも、賢者はためらうことなく、確固とした歩みをもって死に向うことができる。

雑務や多忙は、単に公務の中にあるだけではない。**引退して暇になり、骨董や美食やらで、優雅に趣味を楽しむのも怠惰な多忙である。重箱の隅を突くような研究も無意味である。将棋とか球技とか、あるいは日光で体を焦がすとか、そんなことに熱中して人生を浪費する連中もいる。多くの些細なことを楽しんでいる者たちも暇のある人ではない。**

よく生きていると言える生き方

万人のうちで、英知に専念する者のみが暇のある人であり、このような者のみが生きていると言うべきである。それは彼らが単に自己の生涯を立派に守っているからだけではない。彼らはあらゆる時代を自分の時代に付け加える。聖なる見識を築いてくれた過去の最も優れた人たちは、我々のために生まれたのであり、我々のために人生を用意してくれた人びとであることを知るであろう。我々はソクラテスと論じ合うことも出来、エピクロスと共に安らぎを得ることもできる。ゼノンやピタゴラス、その他もろもろの学芸の巨匠たちやアリストテレスといった人たちと、毎日最も親しい友達のように過ごしたいと望むこともできる。これらの巨匠たちは誰一人留守をすることはないであろう。自分たちに近づく者を一層幸福にし、自分たちに一層愛着を覚えさせずには帰さないであろう。どんな者にも手ぶらで自分のもとを去らせないであろう。夜であれ、昼であれ、どんな人間にも会ってもらえるのである。

これらの学匠は誰ひとりとして君に死ぬことを強制しないが、誰もみな、死ぬことを教えてくれるであろう。誰ひとりとして君の年月を使い減らすことはなく、それどころか、返って自分たちの年月を君に付け加えてくれるであろう。彼らのもとに赴いて「子分」となった者には、何たる幸福が、また何たる美しい老後が待っていることか。彼らを友とする者は、大小様々の問題について一緒に考え、一身上のことについて毎日助言を求め、真実を聞き正しても軽蔑されることはなく、お世辞抜きで褒めてもらい、彼らを真似て自己を表現することも出来よう。これは死滅すべき人生を引き延ばす、否、それを不滅に転ずる唯一の方法である。**英知によって永遠化されたものは、時を経ても害されることはない。いかなる時代もそれを滅ぼさないであろうし、減らしもしないであろう。次に続く時代も、更にその次の時代も、常にそれらのものに尊敬の念を強めて行くであろう。**

時間に向き合わない人の人生は短い

過去を忘れ現在を軽んじ未来を恐れる者たちの生涯は極めて短く、極めて不安である。

生涯の終末に至った時、何のなすこともなく長い間多忙に過ごしたことに気付いても、可愛そうに時はすでに遅い。彼らはしばしば一日を長く思ったり、約束した夕食の時間が来るまでの時のたつのが遅いといって不平を言う。剣闘士の開催日を待ち焦がれる。それからそれへと別の快楽に乗り移って、ある一つの欲望に終始することが出来ないからである。一日一日が長いのではなく、厭《いと》わしいのである。だが娼婦の腕に抱かれたり酒に過ごしたりする夜は、どんなに短く思われることか。あんなに高い値段で買った夜も、あのような者にとっては最も短い夜に思われる。夜の来るのを待ち焦がれて昼を失い、朝の来るのを恐れて夜を失う。このような者たちの快楽そのものすら不安定であり、様々な恐れから落ち着きを失い、歓喜の絶頂にある最中に、「これがいつまで続くだろう」という不安な憂いに襲われる。

こんな気持ちから、かつて幾人かの君主が自己の権力に涙を流したり、また自己の幸運の大きさに喜ぶというよりも、いつかはその終わりの来ることに脅えたのである。彼らは苦労して自分の欲しいものを手に入れようとするが、手に入れてしまうと、今度は心配しながら、それを持ち続けようとする。その間、二度と再び帰らない時間は全く計算外である。新しい多忙が古い多忙に取って代わり、希望が希望を、野心が野心を駆り立てる。惨めな生活の終わりが求められるのではなく、始めが変わるだけである。

それ故に私の最も親しいパウリヌス君よ。君は自分を衆人から切り離すが良い。年齢不相応に今まであちこちへと追い回されていた君は、結局のところ、静かな港に帰るのが良い。君の生涯の大部分は既に国家のために捧げられた。君の時間のいくらかを、君自身のために使うのも良いではないか。私は君を怠惰な退屈な平穏に招くのではない。君のうちにある生き生きとした天分をことごとく、惰眠やら衆人の好む快楽やらに没入せしめようとするのでもない。自分自身の人生の利益を知るほうが、公共の穀物の利益を知るよりも、もっと有益なことである。

最も重大な業務に最も適している君の精神的な活力を、たとえ名誉はあっても、幸福な人生にはなんの役にも立たない役目から呼び戻すがよい。君を待ち構えているのは、幾多の立派な仕事である。徳の愛好と実践であり、情欲の忘却であり、生と死の認識であり、深い安静の生活である。高官や名声は人生を犠牲にして獲得される。彼らが自分自身の人生の短さを知ろうと思うならば、自分だけの生活がいかに小さな部分でしかないかを考えさせれば良い。

第4章　ショーペンハウエルと生の苦悩

ショーペンハウエルの生涯

アルトゥール・ショーペンハウエル（Arthur Schopenhauer,1788-1860）は、裕福な商人の長男として、ポーランド・ダンツィヒに生まれます。5歳の時ハンブルクに移住します。家族と連れ立ってヨーロッパ大周遊旅行に出かけます。この時、民衆の貧困、過酷な強制労働、絞首刑など社会の底辺を見聞し衝撃を受け、厭世《えんせい》主義的な基盤を持ちます。

１８０９年21歳でゲッティンゲン大学に入学し哲学部でカントとプラトンを会得するよう忠告を受けます。ベルリン大学に移り、ドイツの国民的哲学者でカント哲学の継承者とされるフィヒテ（1762-1814）の下で本格的な哲学研究を始めます。１８１２年24歳の時、フィヒテに対する尊敬が軽蔑と否定に変わります。人間固有の認識方法についての研究である博士学位論文「根拠の原理の４つの根について」をイエナ大学に提出して哲学博士の学位を得ます。ゲーテはその才能を高く評価します。東洋学者フリードリヒ・マイヤーを通じて古代インド哲学を学びます。１８１９年31歳の時、主著『意志と表象としての世界 Die Welt als Wille und Vorstellung』を刊行します。

１８２０年32歳の時、ベルリン大学私講師となります。故意に自分の講義を当時絶大な人気のあったヘーゲル（1770-1831）（『大賢人たちと死の受容』「ヘーゲルと弁証法」）の講義と同じ時間帯に設定したので、ヘーゲルの講義は満員でショーペンハウエルの講義はガラガラでした。１８３３年45歳の時、フランクフルトに定住、隠遁生活に入ります。１８４３年55歳の時、『意志と表象としての世界』の続編が完成します。１８６０年72歳で肺炎のため死去。

意志を物自体として、一切自然や人生を意志争闘の場とみなし、その解脱は道徳説で全く現実の反対を理想とし、涅槃寂静《ねはんじゃくじょう》を唱えました。当時支配的であった合理主義のヘーゲル哲学に圧倒され、非合理で盲目的な衝動である意志がすべての根源であると主張する、ショーペンハウエルの厭世主義的哲学は、世間にはなかなか受け入れられませんでした。ニーチェ、ワーグナー、トーマス・マンなどに影響を与え、仏教精神そのものといえる思想は森鷗外、堀辰雄、萩原朔太郎、筒井康隆などの作家に影響を与えました。

表象としての世界

カント（1724-1804）（『大賢人たちと死の受容』「カントとドイツ観念論哲学」）によれば、人間には感性（素材の状況を捉える能力）と合理的な能力である悟性（分析能力）が備わっています。最終的に理論理性が両者をまとめ上げ、認識につなげます。感性の働きはカントによれば人間の認識能力には、先天的に経験的な能力である直観、悟性の働きを思惟と呼び、直観と思惟によって認識が成立します。経験に先立った、つまり生得的アプリオリな認識の形式が必要です。生得的アプリオリ a prioriとは、時間・空間・カテゴリーは経験に先立って人間が備えている認識の形式を示すということです。カントは因果性や同一性といった原理をアプリオリな原理と呼びます。理論理性は経験可能な世界しかとらえることができず、理論理性には限界があります。感性で捉えられないものは認識できません。

カントによると、認識とは心の外にある客観的な事物（物自体）をとらえることではなく、能動的な認識作用によって感性と悟性が認識の素材に働きかけ、心のなかで対象を構成することだとされます。つまり、認識が対象に従うのではなく、対象が認識に従うのです。これを**コペルニクス的転回**といいます。

物自体 Ding an sich とは対象のあるがままの姿、現象 Erscheinung とは私たちに対して現れる姿をいいます。私たちが認識する対象は「物自体」ではなく「現象」に過ぎません。

人間が認識できるのは五感で捉えられる経験可能な現象界だけです。頭で考えることしかできない、経験を超えた神や霊魂などの英知界については認識できません。カントは人間が認識するものを現象と呼び、現象の背後にある物自体は知り得ないと論じました。

この現象界において物自体を認識できませんが、この世界は確実に物自体でありますから、その性質を明らかにしようとしたのが、ショーペンハウエルの真骨頂です。**この現象**

界で客観的に認識できるものが表象です。この表象とは主観的に意識するものでもあって、私という主観が消え去れば、同時にこの表象としての世界も同時に消え去ってしまいます。しかし世界の本質はこれらの表象を超えたところにあります。これが**意志 Wille zum Leben**です。あらゆる表象、すなわちあらゆる客観は現象でありますす、しかしひとり意志のみは物自体なのです。

意志としての世界

カントは人間が認識するものを現象と呼び、現象の背後にある物自体は知り得ないと論じました。ショーペンハウエルは時間・空間・因果性を「根拠の原理」と呼び、これらが表象を成立させる形式であるとみなします。表象の世界の中では、物自体を理性によって認識することは出来ないけれども、カントのいう**物自体を意志と規定する**ことによって「意志としての世界」という新たな構想を生み出しました。身体運動は直接的に認識される意志であり、意志の客体化です。つまり人間の意志は知性によって生じるのではなく、生を意欲する衝動の中にあります。意志とは「盲目的な生への意志」であり、盲目と呼ばれるのは意志自体に根拠がなく、認識を欠いた存在だからです。

ショーペンハウエルによれば、本来自分とは意志の客観化として現象する限りにおいて存在するものであり、したがって決して意志とは切り離せない存在なのです。意志こそ我々自身といっても良いのです。

プラトン（BC427-BC347）（『大賢人たちと死の受容』「プラトンとイデア論」）は、哲学とは永遠の普遍的な真理を求めるものであると考えました。しかし現実界の人間が感覚によってとらえる物事は常に変化しやがて消滅する不完全なものでした。プラトンは理性によって思い描く、物事の完全な姿は実在するものと考え、それをイデア idea と呼びました。イデアはさまざまの物事の原型・模範となるものであり、私たちが追い求めるべきものの理想的な姿です。イデアとは、普遍的で理想的で、ものそのものの本質です。感覚でとらえられる現象界は絶えず変化する世界にすぎません。イデア界は理性ロゴスによってのみとらえられる永遠不変の完全無欠な真の実在なのです（二元的世界観、二世界論）。

洞窟の比喩があります。外界を知らない囚人は壁に向かって坐らされ、囚人の背後には火が燃え、悪魔が動物の模型を動かしています。影絵をみて囚人は本物の動物だと思い込んでしまいます。外界に導かれると太陽が眩しくて、真実在の犬を見ることができます。

プラトン哲学は物事の本質を踏み込んで議論した観念論で、感覚でとらえる現象（個物）は、時間的空間的存在であるが、知性でとらえる本質イデアは、超時間的・超空間的存在で永遠不滅・完全であり天上界に存在すると考えました。

ショーペンハウエルはイデアという語を用いて物自体、**表象の性質を表す段階**を示しました。意志の客体性の各段階がプラトンのイデアに当たります。最も下位のイデアを示す段階が重力などの自然法則であり、むき出しの意志を持っています。中位のイデアを示す段階が植物で個性を持っています。高位の段階を示すイデアが動物で性格を持っています。最高位の段階を示すイデアが人間で理性を持っています。理性とは概念を想像できる力を持っており、過去や未来など今ここにある現実以外も想像できます。他者を想像することも出来ます。本能に背く力も持っており、自己犠牲なども行います。従って人間では生への盲目的な意志が見えづらいのです。

自然法則　　剥き出しの意志　　低位のイデア

イデアが低位から高位になるに従い、その表象としての現れ方は複雑になります。低位のイデアは高位のイデアとの闘争の結果、高位のイデアに飲み込まれる形でこの世界に表象することとなります。

ショーペンハウエルは非合理的で盲目的な衝動である「意志」がすべての根源にあると主張します。意志は合目的的な意図や目的を持たずひたすら生に向かいます。性器は生きようとする意志の焦点です。低位のイデアである植物では、性器を隠そうともせず、おしべ・めしべをそのままさらけ出し本性をむき出しにしています。人間は理性の力によって性器を見せびらかすのは恥ずかしいことと認識し、服で性器を隠すようになりました。性器以外の臓器でも生きることに向けて無限の努力をし続けます。胃は飢餓の客体化、脳は認識の客体化という事が出来ます。

イデアのみが本質的で、現象は見せかけの夢幻的存在でしかない。それ故、歴史や時代が究極の目的をそなえ、計画と発展を蔵しているというような考え方はそもそも間違いなのです。

生は苦痛である

意志の肯定はエゴイズムを追求する個体間の闘争を招き、際限のない空虚を生み出します。意志はいかなる目標も限界もありません。意志は常に努力し続け、絶え間ない闘争を繰り広げるのです。その努力と闘争には何の根拠もありません。意志＝物自体は無根拠であります。低位のイデアが長い闘争の最後に、高位のイデアに勝つこともあります。生物にあってはこれがまさに死と呼ばれるものです。高位のイデアである生命が、低位のイデアの活動に負け、最後には物質に還って行くのです。しかし全体でみれば、常に高位のイデアは高みに登ろうと努力を続け、十分に長い時間をかければさらに高位のイデアになっていきます。

個々のイデア同士は衝突し、闘争を繰り広げてはいるものの、種の繁栄という点においては、生殖によって生きようとする意志の本来の目的には全く調和しており、繁栄に向かって努力しています。性行為とは生きようとする意志を個体の生死を超えて肯定することであり、ここで初めて個体は全自然の生命に所有されます。

意志は休むことなく続く不断の努力です。意欲と努力とが人間や動物の本質なのであり、それは全く癒されない渇望に似ています。あらゆる意欲の基盤は欠乏であり、不足であり、したがってまた苦痛なのです。人間は生きようとする意志によって意欲し、努力によってその渇望を満たします。時に挫折します。意欲が満たされなければ当然ながらそれは激しい苦痛となって襲い掛かります。

意欲が常に満たされ続けると激しい**退屈**に襲われます。意志はその本質として努力し続けたいにもかかわらず、努力することが見つからないという自分の本質に反する状況となります。退屈もまた、度を過ぎると努力が報われないことと同じくらいの苦痛です。生きようとする意志は努力という苦痛と、退屈という苦痛の間を行き来する振り子運動に他なりません。人間は生きようとする意志の絶え間ない振り子運動によって、本質的に苦悩を抱えています。人間は生きたいという意志を満たせない苦痛とそれを満たした退屈による苦痛を振り子のように揺れ動く存在なのです。満たされなくても苦痛、満たされても苦痛であり、**人生の一切が苦痛です。**幸福というものが「生きようとする意志の意欲が、常に適切なバランスで満たされ続ける」ものだとすれば、現実的にはあり得ないことです。幸福とは一時の満足に過ぎません。最大多数の人間の一生はあわれなほど内容空虚で、気晴らしのため信仰という各種の迷信を作り出しました。むしろ幸も不幸も感じることがないような、そういう振り子運動が止まった状態の方が現実的なのです。

釈迦の説く**「一切皆苦」**はショーペンハウエルのいう生の苦悩そのものです。仏教では無明を原因とする**煩悩**を説きますが、ショーペンハウエルのいう苦悩の原因は欲から発生する、衝動的な盲目的な意志で煩悩とほぼ一致します。

ショーペンハウエルは自分の哲学と東洋哲学との間に多くの共通点があることを知ります。しかしこの時代まだ仏教の聖典は欧米の言語に翻訳されておらず、ショーペンハウエルは仏教の教義を正確に詳しく知ることは出来ませんでした。ショーペンハウエルがインド哲学と仏教を同じようなものと理解していたのは、時代による制約が大きいのです。ショーペンハウエルは意志をウパニシャド哲学の最高原理ブラフマンと同一視しています。ブラフマンは宇宙の根本原理のことです。

苦痛からの解放

ショーペンハウエルは芸術にはイデアが宿ると考えていました。芸術はイデアを直観（直接に本質を見抜く）できるものだから、それに触れている間は確かに苦痛から逃れられるかもしれないと思いました。生の苦悩から解放される一つの可能性として**芸術**を挙げます。個体としての関心や欲望を捨て、イデアの観照（対象を主観を交えずに冷静に見つめること）によって根拠の原理から脱却することにより、人は安らぎを得ることが出来るといいます。芸術の中でも特に音楽によって体現されるといいます。音楽は意志のもっとも直接的な客体化です。しかし芸術は一時的な解決であり根本的な解決にはつながりません。鎮静剤であって永遠の解脱にはならないのです。

自分の意志や欲求を諦める**禁欲**は生きようとする意志を否定する活動です。禁ずべき欲は生への盲目的な意志が持つ欲求です。キリスト教では純潔が説かれます。純潔を守るのは生きようとする意志を否定し続ける認識活動に他なりません。あらゆる宗教で行われる断食などの苦行も、その本質は生きようとする意志の否定であり、絶対的な安静へ至ることを目的としています。「生きるために食べる」という当たり前のことを一瞬でも捨てることで、生への執着から逃れ、心の平静を得ようとする行動です。ほかの苦行も生への執着を捨てる目的で行われました。

我欲滅儘を唱えるショーペンハウエルは衝動的な盲目の意志を否定することで解脱の境地に達することが出来ると説きます。他者への共感は他人の中に己と同じ苦悩を共有することで純粋な愛が生じる同情です。しかし私の今の苦痛を消し去ってくれるものではありません。己の死さえも意志からの解放とみなす禁欲によって、自発的な意志の放棄へと至ります。自殺は意志の肯定の一現象です。自殺は個別の現象を破壊するのみで、意志の否定にはならず、真の救いから人を遠ざけます。プラトンの正義、キリスト教の愛、インド哲学の梵《ぼん》我《が》一如《いちにょ》の影響があります。現実から意志を否定することで、解脱の境地へと達することが可能となります。この表象としての世界は、所詮は意志のイデアによる客体化に過ぎず、意志が消え去ればその存在を保てなくなります。時間と空間という認識も消え去ります。究極の悟りの境地に至る時、この世界のあらゆる認識から解放され、無となり、無限となり、永遠となり、さらにそれすらも捨て去るのです。

仏教の諦観《たいかん》（明らかに真理を見極めること）に近い考え方です。色即是空空即是色の考えとは、この世のあらゆる物や現象は実体がない、実体がないことがこの世のあらゆる物や現象を形成している。この考え方はショーペンハウエルの思想と一致します。

『意志と表象としての世界』の最終節では意志の無への転換が説かれています。完全な意志の消失は、意志に満たされている者にとっては無であっても、既にこれを否定し、意志を転換し終えている者にとってはこれほどに現実的なわれわれの世界が、そのあらゆる太陽、銀河を含めて無であるとし、これらのことが、仏教徒における般若波羅蜜多、「一切の認識を超えた世界」であると結んでいます。

天才と自殺

太宰治（1909-1948）は「津軽」に、妻に向けて「正岡子規36、尾崎紅葉37、斎藤緑雨38、国木田独歩38、長塚節《たかし》37、芥川龍之介36、嘉《か》村《むら》磯《いそ》多《た》37、あいつらの死んだとしさ。ばたばた死んでいる。おれもそろそろ、そのとしだ。作家にとってこれくらいの年齢の時が、一番大事で」「そうして苦しい時なの？」「何を言ってやがる。ふざけちゃいけない。お前にだって、少しは、分かっている筈だがね。もう、これ以上は言わん。」と書いています。太宰は４度目の心中で、愛人山崎富栄と玉川上水で自殺しました。三島由紀夫（1925-1970）は45歳で割腹自殺し、川端康成（1899-1972）は72歳で自殺しています。夏目漱石（1867-1916）は「吾輩は猫である」の中で、苦沙弥《くしゃみ》先生は、「死ぬことは苦しい、しかし死ぬことが出来なければなお苦しい。必ずや死に方について種々考究の結果、斬新な名案を呈出するに違いない。世界向後の趨勢は自殺者が増加して、その自殺者が皆独創的な方法を以てこの世を去るに違いない。そうなると自殺も大分研究が進んで立派な科学になって、落雲館のような中学でも倫理の代わりに自殺学を正科として授けるようになる。」漱石も自殺組の一人であったのかもしれません。

天才と狂人は紙一重のようなところがあって、芥川の実母は狂人で座敷牢に閉じ込められ、芥川自身にも幻聴がありました。短編小説にも思考途絶のためか途中で終わっているものがあります。漱石の「行人」の主人公、三沢一郎は統合失調症です。精神障害者を主人公にした小説は、精神障害が作者の空想に基づけば、ただの面白物語に過ぎません。精神科医でもない漱石が自分の症状を題材にするのであれば合点がいきます。漱石と言えば、ロンドン留学の適応障害と神経衰弱という事になっていますが、実は統合失調症であったという可能性が浮上します。ニーチェ（1844-1900）（『大賢人たちと死の受容』「ニーチェと弱者・強者」）は44歳で発狂しますが、子供の頃から幻聴や幻覚があったと記していま す。古くはソクラテス（BC469-BC399）（『大賢人たちと死の受容』「ソクラテスと無知の知」）が告発された罪状に、「国家の神を認めず、ほかの新しいダイモニオンを導入した。」という一節があります。ダイモニオンは幼年時代からソクラテスに現れた幻聴で、いつも何かを禁止する形で現れるといいます。ダイモニオンの声を聞き、街中に佇み、長い時には一日中無言で立ったまま、誰かが話しかけても返事をしませんでした。

天才でなくとも自殺します。著者の同級生は飛び降り自殺をしました。ほかにも自殺者がいます。周囲の目からは自殺する原因は特に見当たりません。失恋・離婚・失業・経済的破綻・病気・うつ病ではありません。生に対する執着がなく、あるいは人生の途中で生きる目的であった生への執着がなくなり、生命力の源ともいうべき財産・地位・名誉などへの執着もなくなります。すると生きることへの困難性が生じると自殺の選択をしてしまいます。何も人生を無限に生き続けなければならない必要はありません。人生は自分が生きたいだけ生きればいい、という考え方もあります。

厭世《えんせい》主義者の**ショーペンハウエル（1788-1860）**は、この世界にある個体は自らが生きようとする盲目的な表象《ひょうしょう》（あらわれ）であるといいます。しかし高位の段階イデアにある人間には理性があり、観念を想像する力があり、本能に背いた行動をすることがあります。人生は苦痛であるといいます。人間には生きたいという意志を満たせない苦痛と、それを満たした退屈による苦痛があります。意志の完全な滅却が必要であり、苦痛から脱却するためには生への執着を捨てるのが良いといいます。

ショーペンハウエルの哲学により天才の自殺は実に簡単に説明することが出来ます。生きようとする意志は努力という苦痛と、退屈という苦痛の間を行き来する振り子運動に他なりません。人間は生きようとする意志の絶え間ない振り子運動によって、本質的に苦悩を抱えています。人間は生きたいという意志を満たせない苦痛とそれを満たした退屈による苦痛を振り子のように揺れ動く存在なのです。満たされなくても苦痛、満たされても苦痛であり、**人生の一切が苦痛なのです**。しかし自殺は意志の肯定の一現象です。自殺は個別の現象を破壊するのみで、意志の否定にはならず、真の救いから人を遠ざけます。現実から意志を否定することで、解脱の境地へと達することが可能となります。この表象としての世界は、所詮は意志のイデアによる客体化に過ぎず、意志が消え去ればその存在を保てなくなります。時間と空間という認識も消え去ります。究極の悟りの境地に至る時、この世界のあらゆる認識から解放され、無となり、無限となり、永遠となり、さらにそれすらも捨て去るのです。

セネカ（BC1-65）は家族の一員の自殺は家族にとっては重い負担になるので、自殺を戒めています。よき人間とは、自分が生きたいだけ生きるのではなく、自分が生きる必要があるだけ生きるものだといいます。死のという思いにばかり執着して、伴侶や友人のために長生きする価値はないという者は、自分の事しか考えていないのであるといいます。己の心が死を望むようになったら、もしくは己の心そのものが枯れ始めていると感じたら、ひとたびそこで立ち止まり、家族や友人に尽くさなくてはなりません。誰かのために死を思いとどまるのは、大いなる精神を持っている証《あかし》です。

第5章　人生を生き尽くす方法

知性の発達と文明の創造

ショーペンハウエルは、この世界にある個体は自らが生きようとする盲目的な表象《ひょうしょう》（あらわれ）であると考えました。これは理性を持たない本能だけに依存して生きる生物には当てはまりますが、人間は理性を獲得して継承し、文明と文化を創造してきました。自らが有限の生物であることも知っており、それ故に人生においては、生きる喜びも生きる目的もあることを見出し、精一杯に生きることを学んできました。

社会秩序はあらかじめ天から与えられたものではなく、古代の人びとが作ったものです。人びとはそれぞれに天から聡明叡智の才徳を受け、文字を作り、農耕を教え、住居を建て、医薬を授けて人々の生活を文明に導いてきました。次に儀礼や式楽を定め、政治的な制度を定めました。こうして人間らしい美しい秩序ある社会がもたらされました。

イギリス経験論のベーコン（1561-1626）（『大賢人たちと死の受容』「イギリス経験論」）によれば学問の目的は自然を支配する知識を手に入れて、自然を改良し人間の生活を便利で豊かなものに改良していくことにあると説きました。自然はある原因から一定の結果が生まれるという因果法則に従って動いています。科学的な知識は自然を支配する技術として応用することが出来ます。「知は力なり」とは、人間の知識と力は合一するという意味です。自然はある原因があって、そこから結果が生じるという因果関係に従って動いています。この関係を知ることが自然に服従するということです。人類の文明文化は宇宙の摂理に従っていますが、それによって得られた知識を、自然を支配する技術として応用し、人類に福祉をもたらし、人間の生活を改善していこうというのが、ベーコンの考え方です。

人生の喜びと生きる目的

人間の理性は言語の発達により思考能力を高め学術を習得し、精神の発達により内省的に自己の人生を考え、その中に人生の喜びや生きる目的を見出してきました。

エリクソン（Erikson,1902-1994）（『大賢人たちと死の受容』「エリクソンと人間の生涯発達段階」）は、人の発達は年齢の軸に沿って表れて来る身体の発育や老化といった量的な成長を単に示すのではなく、個々人の置かれている環境との能動的な関わりを通して人間として社会化していく生涯発達の過程であると考えました。人間の一生を８つの段階に分け、生涯発達の特徴として次の点を挙げています。①連続的な現象である、②方向性がある、③順序性がある、④連続しているが速度は一定でない、⑤**決定的な時期、最適な時期がある、**⑥成長・発達は相互作用によって促される、⑦個人差がある。

エリクソンは人間の発達段階を、人間の心理・社会的な危機状況から8つの時期に分けました。夫々の段階で人は各時期の発達段階において**発達課題 development task** もしくは**心理社会的危機 psychosocial crisis** に直面しそれをクリアすることによって**力 virtue** を獲得し人間は精神的に成長してゆきます。身体の発達のみならず心理的発達をなし、各時期の心理・社会的危機を克服すること（**課題達成**）で徐々に発達が進む（漸成）のです。

それぞれの発達段階には成長・健康に向けてのポジティブな力と、退行・病理に向うネガティブな力が拮抗しておりその両者の関係性が正常な発達に関係しています。ポジティブな力がネガティブな力よりも強くなれば、より健康的な発達をしていくことになります。その結果、自我の強さである**人格的活力**、換言すれば**よりよく生きていくための力**が生まれます。ネガティブな力の方が勝って経験すると、今後の人生が全てうまくいかないという訳ではありません。全ての発達段階において重要なのは、ポジティブな力のみが備わればいいという訳ではなく、ネガティブな力とのバランスの結果、ポジティブな力が勝っている形での経験のプロセスが大切なのです。ポジティブな力の方が勝るような体験・経験をすることによって、自分自身の人生をよりよく生きていく力を蓄えていきます。

①**乳児期**：生後から18ヶ月まで
②**幼児前期**：18ヶ月から3歳まで

③幼児後期・遊戯期：３歳から５歳まで
④学童期：５歳から12歳まで
⑤青年期：13歳から19歳まで
⑥成人期：20歳から39歳まで
⑦壮年期：40歳から64歳まで
⑧老年期：65歳から

青年期と自己実現欲求

人生に関するこの決定的な時期が、**青年期（adolescence, 13 - 19歳）**です。青年期は13歳から19歳までを指します。自我同一性、性への目覚め、第二次反抗期の時期で、非行・家庭内暴力・思春期やせ症の危機がおとずれ、発達課題として自我同一性の確立と同一性の拡散 identity vs. identity confusion が交錯します。人間の強さは忠誠心 fidelity です。親に対して子供である自分や、部活動の中での部員としての自分、異性との交際において男性・女性である自分といったさまざまな場面や文化の中で異なる役割を担うことになります。理想とする先輩や先生に「自分も近づきたい」「あの人のようになりたい」という思いで、自分もその人のように振舞ったり、考えを真似たりする言動をとるようになります。エリクソンはこれを**同一化 identification** と呼びました。理想化と失望・発見の経験のプロセスを通じて自分独自のスタイルを獲得していきます。「本来の自分」「求めていた自分」を獲得していきます。このような言動をエリクソンは自我同一性 identification の確立と呼びました。その反面、「自分は属する集団や周りの人びとに受け入れられているのだろうかといった孤独感や迷い・動揺」といった葛藤と向き合わなければなりません。その葛藤の結果、「自分はこの集団にいていいんだ」「この人びとに所属しているんだ」という、**忠誠心 fidelity** や**帰属意識**を獲得します。

青年期には自分を客観視し、自分は何者かを考えるようになります。**自分の本質と他者との違いを知ることにより、自我同一性 identity を確立**します。客観的な自己認識に必要なのは、自分を理解し評価してくれる深く付き合える友人です。「君らしいね」と仲間から認められることで、「そうか、自分はこういう人間なんだ」と自覚でき、**自分らしさに忠実に生きようとする忠誠心 fidelity の力を獲得します。**

将来、どうやって生きていこうと思い悩む時期です。「自分はこういう人間だ」とある程度確信できるようになれば、アイデンティティが確立され、**忠誠心 fidelity** という力が得られます。自分で選んだ価値観を信じ、それに貢献しようとします。

乳児期から学童期までの発達課題をクリアしていなければ、仲間との心理的距離を測れず、共感的なコミュニケーションが取れません。精神的な居場所を見つけられず、**「自分は何のために存在しているのか分からない」といった自我同一性の混乱が生じてしまいます。**共同体の中に自分の居場所を見つけられれば、アイデンティティを確立しやすくなります。

「吾十有五にして学に志す、三十にして立つ。」若き血に燃ゆる者に闘志漲《みなぎ》る時が訪れるのです。若き血はそのまま煮えたぎらせておけばよいのです。自ら目標と目的を持って、青雲の志を抱いて雄飛していきます。外国に留学する者もいれば、活躍の場を他に見つける者もいます。才能のある者に活躍の場所と時間が与えられれば、計り知れない情熱が彼らを導いてくれます。1日は24時間しかないのに、それを惜しんで48時間勉強をしてしまいます。「これを知る者はこれを好む者に如《し》かず、これを好む者はこれを楽しむ者に如かず。」楽しいことが限りなく続けば、寝食を忘れて没頭してしまいます。傍《はた》から見れば、人間はこのような無制限な努力と忍耐をすることが出来るのだろうかと思いますが、彼らにしてみれば努力と忍耐をした覚えがありません。ただ楽しみの限りを尽くしているだけなのです。

北里柴三郎（1852-1931）（『現代漢方医学』「近代日本医学史」）はコッホ研究所でベーリングと共に血清療法の研究に取り組みます。共著論文でしたが、白人社会はベーリングにだけノーベル賞を送ります。帰国の時、細菌学で独仏に遅れていたイギリスのケンブリッジ大学は細菌学研究所を創設して北里を所長に招聘しようとします。ペンシルベニア大学も同じことを画策します。北里は天皇の聖恩に報いるため帰国します。

野口英世（1876-1928）（『現代漢方医学』「近代日本医学史」）は、ペンシルベニア大学フレクスナーの下で梅毒スピロヘータの研究に没頭します。パンと水で生命をつなぎながら一歩も研究室を出ることはありませんでした。人びとは、野口はいつ眠るのだろうと噂しました。ノーベル賞候補にも挙げられます。

明治初期の東大卒ドイツ留学組には、結核で早逝した者が多数います。滝廉太郎（1879-1903）など枚挙に暇がありません。彼らは「人生とは何か」などを考える時間を持ちませんでした。しかし彼らの生き様は我々に、「人生とはこの様に生きるものである」ことを平易に教えてくれています。

マズロー（Maslow,1908-1970）（『大賢人たちと死の受容』「マズローと人間の欲求階層」）は、人間の欲求階層について考えました。

自己実現の欲求

才能、能力の開発・利用（美の追求など）

承認・自尊の欲求

他人に認められたい、尊敬されたい（名誉欲など）

所属と愛情の欲求

社会・集団に帰属、愛し愛されたい

安全・安楽の欲求

身の安全を求める欲求（安全・安楽な環境、クーリング）

生理的欲求

動物的本能による欲求（食欲、性欲、休息など）

図　マズロー、A. の欲求の階層

動物は基本的に本能に根ざす欲求を充足させるためにのみ行動しますが、人間は理性によって欲求行動をコントロールすることが出来、人間の欲求は生理的欲求から自己実現欲求へと高まっていきます。マズローは人間の欲求を五段階に分けて考えました。人間は自己実現に向かって絶えず成長する動物であるということを前提として組み立てられています。人間には**自己実現欲求**があります。

自分にしか出来ないことを成し遂げたい、自分らしく生きたいという欲求が生じます。**理想的自己イメージとの同一化**を目指し、現在の自分が一致していない時には少しでも理想に近づきたいと思います。自分の世界観や人生観に基づいて、あるべき自分になりたいと思う欲求で、自分の可能性や能力を引き上げ、自分の限界に挑戦して自己実現の欲求に突き動かされる状態を指します。**知識欲**とは「もっと新しいことを知りたい、もっと深く知りたい」という探究心で、**内発的動機付けとしての知的好奇心**などに該当します。人間は、古来分からない事に熱心で、物事の本質を洞察する哲学、数学、物理学などが誕生しました。**達成欲**とは「何かを成し遂げたい、難しいことを上手くやりたい」という欲求で、困難に立ち向かい乗り越えることで満足感を味わうことが出来ます。

アリストテレス（Aristoteles,BC384-BC322）（『大賢人たちと死の受容』「アリストテレスと万学の祖」）にとって人生の目的は、**幸福エウダイモス**でした。幸福とはそのものが持っている本来の能力を発揮することにあります。幸福とはそれ自体でよいもの、つまり最高善という事になります。幸福は快楽・名誉・富には存在しないと考えます。**「人間は生まれつき知ることを欲する動物である」**といいます。享楽的生活からは快楽が、政治的生活からは名誉が、真理を知りそのことに喜びを見出す**観想的生活からは幸福が得られる**といいます。人間は知を探求することにより幸福になれるというのがアリストテレスの主張です。

アリストテレスのいう観想的生活とは知的好奇心の事です。アリストテレスの関心は人生哲学に限らずすべての自然科学にも向けられています。現在に至る天文学・気象学・動物学・植物学・地学は万学の祖であるアリストテレスから始まっています。体系的に分類・整理し、古代ギリシア最大の学者、科学者でありました。**自然の力はなんと偉大なことか！　自然の仕組みは実にうまく出来ている。**ヘルミアス王に寄寓していた3年間、彼は生物学と博物学に没頭しました。オスのナマズが卵の子守をすることを発見します。近づいてくる小魚を追い払います。卵が孵化するまでオスは10日間何も食べません。産卵の近いタコは自分の体よりも卵の量の方が多くなります。10日ほどすると孵化して、小さな子ダコが沢山生まれます。しかし魚たちが近づいてきて多くを食べてしまいます。ほんの僅かだけが大人になるのです。

アリストテレスの学園であるリュケイオンで鯨を魚ではなく、牛や馬の仲間であるといいます。肺があり、汐を吹き、子供を生むからです。イルカやアザラシも同類です。鶏の有精卵を、日を追って解剖します。まず心臓が作られ、次に頭が、やがて体の各部分が作られ、ヒナが生まれます。アリストテレスが観察した動物の数は５００種類といわれています。

福沢諭吉と文明の精神

福沢諭吉（1835-1901）（『薬理と臨床』2021:31(1)7-18）が20歳で大坂緒方洪庵の適塾《てきじゅく》で蘭学を学んでいた時には、ただ知的好奇心のみの蘭学で、鎖国攘夷も開国文明開化も頭にはありませんでした。23歳の時中津藩命により江戸で蘭学塾を開いて、24歳で修好条約締結後の横浜に行った時、オランダ語は何の役にも立たず英語のみが共通語であることを知ります。苦心して英語を学んで幕臣となり、咸臨丸でアメリカへ、その後英国のオーデン号でヨーロッパに行きます。目《ま》の当たりに西洋諸強国とシナ、インドその他のアジア諸国の隷属の運命を見聞します。１８６６年『西洋事情』を出版します。大反響を呼び、大政奉還にも五箇条の御誓文にもこの考えが取り入れられます。

福沢は門閥制度による権力の偏重が、上への卑屈さと下への傲慢《ごうまん》さが日本社会にもたらす病弊を見ます。『学問のすすめ』で、一身独立して一国独立する、を説きます。文明化とは学校や工場や軍備や鉄道、ざんぎり頭などの物質文明を取り入れることではありません。無形の「人民独立の気力」こそ「文明の精神」として要《かなめ》になるものであることを力説します。

福沢の結論は西洋文明を取り入れることによって日本の独立を守るという一事に尽きます。知的好奇心から始まった福沢の知識欲は、明治維新には国の父と呼ばれるまでに成長しました。壱万円札の肖像はほかに代わる人を持ちません。

中国には偉大な指導者がいませんでした。物質文明は取り入れましたが、今でも華夏（フォアシャー）の人民隷属の文明から脱却できません。マルクス理論によれば、資本主義が最終段階に入った帝国主義において労働者階級によって引き起こされるはずのプロレタリア革命が、毛沢東（1893-1976）（『大賢人たちと死の受容』「マルクス理論と共産主義国家の出現」）により貧しい農村社会で引き起こされ、共産思想を持たない者は大量殺戮されました。中国では人民独立の気力は醸成されないので、数千年来の専制体制が今でも続いています。

福沢諭吉には心訓が残されています。しかしこれは福沢の作ではなく、仮託であるとも言われています。いずれにせよ尊ばれてきたものです。

①世の中で一番楽しく立派な事は、一生涯を貫く仕事を持つという事です。
②世の中で一番みじめな事は、人間として教養のない事です。
③世の中で一番さびしい事は、する仕事のない事です。
④世の中で一番みにくい事は、他人の生活をうらやむ事です。
⑤世の中で一番尊い事は、人のために奉仕して決して恩にきせない事です。
⑥世の中で一番美しい事は、全ての物に愛情を持つ事です。
⑦世の中で一番悲しい事は、うそをつく事です。

第6章　老年期の生き方

老年期 mature age

老年期はエリクソンによれば65歳からを指します。自我の統合の時期で、自殺・喪失体験・健康不安の危機がおとずれ、発達課題として自己統合と絶望 ego integrity vs. despair が交錯します。人間の強さは英知 wisdom です。

人は常に老いを自分とは関係のない異質なものとして否認してきているので、**老いを自**

覚するのは突然ふっとした出会いによることが多いのです。向老期には老いることが確信に変わり、老年期には老いが現実のものとなります。老いを受容するのは難しいですが、それでも老いは緩やかに確実にやって来ます。先ずは心身機能の低下、老化の兆候が出てきます。それは死の自覚でもあります。この新しい自己像を受け入れることは困難な課題であり、思秋期と呼ばれることもあります。思春期が人生の旅立ちに当たって自己像を受け入れていくのに対して、思秋期には旅の終わりに当たって新しい自己像を受け入れていかなければなりません。エリクソンによれば、「老いつつある自分」を全体的に受容できた人には英知・知恵という力が現れるといいます。英知とは死に直面しても、人生そのものに対して「執着のない関心」をもつことです。

エリクソンによれば、老年になってからは、自分が一生の間に世話をし、守り育ててきたものを相対化し、客観化しなければ、人間の諸問題を全体的に眺めるような統合に達することが出来ません。一生をかけた事業・学問があれば執着も大きいでしょうが、自分の過去についての見方も、突き放してみる習慣を養っておかなければ心の安らぎを得ることは出来ないでしょう。自分の過去についてこそ判断停止が必要とされているのです。自分の人生を振り返り満足できると危機感を感じないで幸福に人生を終えることが出来るといいます。すなわちそれが統合と完成であります。それには宇宙という大きな秩序の中で自

分を捉えることで達成されるとエリクソンはいいます。健康に幸福に生きてきた人の心は、そういう満足と感謝の境地に至るもので、死んでも死にきれないという人や、未だ人生に感謝できないと言う人は、きちんと老年期を迎えていないのだ、といいます。最後に問われるのは、「人生に感謝できるか」が課題となります。感謝できる人は危機感を持たずに死んでいけます。感謝できる人は年を取ることを受け入れることが出来ます。

良い人生だったという確信

老年期になると、多くの人が退職し、子育てを終え老後の生活が始まります。肉体的・身体的な衰えがあり、これを避けることは出来ません。これまでの経験や知識・人徳が集大成される時期でもあります。死を前にしてこれまでの人生を振り返ることもあります。**人生の総決算ともいえる発達課題は自己統合性（完全性）です**。人生の歩みの中で、よいことも悪いことも、上手くいった事も上手くいかなかったこともあります。良いことも悪いことも全て、自己を形成していくが為の人生として受け入れたなら、**統合性、つまり自**

己を肯定できる心を育《はぐく》ませてきたことになります。

エリクソンによれば自我の統合とは「秩序を求め、意味を探す自我の動きを信頼する確信である」といいます。分かりやすく言えば、家族や地域を超えた、より大きな世の中や人類の秩序や意味の伝承と、肯定的にも否定的にも、自分自身の人生を振り返った際に、**「よい人生だった」**と確信を持って受け入れられる力ということです。宇宙・地球・人間のように大きな歴史の流れのなかで、**自分の人生の意味を見出すのです。**宇宙という言葉が出てきますが、これは宇宙にはその運行の摂理があり、人間はその宇宙の摂理を分有しており、その宇宙の摂理に従ってこの世に生まれ、またその摂理に従って宇宙に還って行くという、ストア派哲学や釈迦の思想をさしています。**満足のいく人生だったか、自分の死後に残るものはあるのだろうか、壮年期までの課題をクリアしてこれらの質問にうなづければ老年期で英知 wisdom を獲得できます。**思うようにいかなかった人生だったとしても「人生は山あり谷ありだから面白い」などと、うまく折り合いをつけることが出来ます。

自分が存在した意味を感じるには、世代間のつながりの中に自分を位置づけるのがいいといいます。自身の死に直面しても、自分の人生には意味があったのだと納得し、次世代に希望を託しつつ、安らかに死を受け入れられるといいます。**「よい人生だった」**という確信は、統合性の取れた状態で自己を肯定できる心を育ませてきたのであり、最終的な**死の受容**に大きな影響を与えるといいます。

この宇宙観について神谷美枝子は言っています。自分の一生の時間も悠久たる永遠の時間から切り取られた極小さな一部分に過ぎません。しかし生まれたからには与えられた時間を精一杯生きてきました。時間を充実させて、なるべくよく生きようと努めてきました。人間として生きることが許され、多くの力や人によって生かされてきました。生きる苦しみもありましたが、また美しい自然や優れた人に出会う喜びも味わえました。そしてこれからも死ぬ時まで許され、支えられて行くのでしょう。永遠の時間は自分の生まれる前にもあったように自分が死んだ後にもあるのでしょう。自分は元々その宇宙的時間に属していたのです。人間は流れそのものの一部なのだから。

こんなはずじゃなかったという絶望

これまでの自分の人生全てにおいて、**職業的な意義・社会的な意義・家庭的な意義・個**

人的な意義の全てにおいて自分自身の納得感を持ってそれぞれの段階の課題を克服してこられたかどうか。それらが獲得出来ていない場合にはどうしても絶望的にならざるを得ません。

それぞれの発達段階に対して、「こんなはずじゃなかった」という気持ちが強いと人生をやり直したくなります。時間を巻き戻すことは出来ず、死が迫っています。**前の世代から受け継いだものも次世代に残せるものもないと、自分が存在した意味が確認できず、絶望 despair に陥ってしまいます**。この絶望の力が強すぎると自殺することになります。

この時期に必要とされるのは**自分の人生の聞き手との出会い**です。エリクソンの老年期の課題である統合は、死を受け入れ、乗り超えることが一つの条件になっています。それまでの7つの段階を踏まえて統合感は形成されます。同時に、無限の歴史的継続の中で自分の場所を受け入れることが出来たということで、超越の感覚も含まれます。小さく限定した自己を乗り越えていくことが超越で、超越は死に向けての準備であり、自己実現の姿であるといいます。自分や自我を忘れて物事に没入する姿、無我となり自分を忘れた精神的無意識の状態こそが自己実現の現実的形態である、といいます。

エリクソンがどれだけ、東洋の禅宗を知っていたかは分かりません。坐禅に徹して、自らの心と身体への執着を捨て、おのれを忘れて一切の計らいを振り捨てて無心になる時、仏の命と出会うことが出来ます（**身心脱落《しんじんとつらく》**）。小さな自己にこだわる我執を捨てることは、自らが大きな生命に生かされていることが証されることです。禅は、**今この瞬間を無心になって生きる**ことといえます。禅の精神は、今、ここにおける命の一瞬一瞬を、無心になって生き抜くことの大切さを教えてくれています。

回想法ライフレビューと生甲斐

ほとんどの人が壮年期を過ぎると直ちに老年期の課題に取り組む訳ではありません。老いた自分と向き合い、前向きに生きようとします。健康な高齢者はほとんど死を恐れないといいます。自我の統合性とは人生のよい面も悪い面も含めて見つめ直し、一度限りの人生に意義を見出すことです。**回想法ライフレビュー**は高齢者が自分の人生を振り返り他者に語り、人生の新たな意義を見出すことをいいます。効果として5つあります。①人生に意義を見出す。②心が落ち着く。③自分を肯定的に受け止める。④生活が活性化する。⑤訪れる死への恐怖が弱まる。

生甲斐とはその人にとっての人生の意味や目的です。生甲斐はその人が自分らしく生きるために必要なものだと言えます。退職や子供の自立を迎えると生甲斐を感じる人が減るといいます。心豊かに過ごすために生甲斐は欠かせないもので、生甲斐を得るために仕事以外の人間関係を広く築いていくことが大切だと言えます。カルチャーセンターや社会人大学で学んだり、サークル活動に参加して生甲斐を見出す人もいます。生甲斐を感じるのは、内閣府の調査では、①趣味やスポーツをしているとき、②孫など家族との団欒のとき、③友人や知人と食事や雑談をしているときです。

SOC理論とは補償を伴う選択的最適化という意味で、代表例としていつも89歳まで現役ピアニストであったルビンシュタインが挙げられます。彼は加齢に伴って身体機能が低下する中で、補償とは楽曲を全体的に遅く弾くことで、早いパートを少し早く弾くだけでも、そのコントラストによって聴衆に早く弾いているように感じさせることができるといっています。選択とはコンサートの演奏曲を絞り込むことで曲目を減らします。最適化とは一曲の練習時間を増やして曲の完成度を高める、ということです。幸せな老後を過ごすためのSOC理論は人生の最後の瞬間まで、周りの人に迷惑をかけずに自立した生活を送る理論のことです。

老年期を若々しく過ごすために次の項目を挙げる学者もいます。①学び続ける姿勢を持つ。②責任ある仕事をする。③本を読む、新聞を読む、文科系的な活動をする。④現状維持に満足しない。⑤くよくよしない。

長い旅の前の最後の休息

キューブラー・ロス（1926-2004）は突然予期しない死病に襲われ、病気の否認・怒り・抑うつの時期を経た患者にも、最終的に死を受容できる時が訪れるといいます。次に患者は、来るべき自分の終焉を静かに見つめることの出来る段階に入ります。死を拒絶するのではなく、自らの怒りを吐き尽くし、すっかり衰弱し切って、自分の運命に怒りも抑うつも覚えません。絶望でもなく、幸福でもありません。**「長い旅の前の最後の休息」**の時が来たかのようです。誰かの訪問を喜ばず、話したい気分でもなく、そっと一人きりにして欲しいと思います。放棄や諦めのような状態です。受容とは感情がほとんど欠落した状態です。希望ともきっぱりと別れを告げ、安らかに死を受け入れるのです。

死に瀕した患者は、幾ばくかの平安と受容を見出しますが、同時に周りに対する関心は薄れていきます。一人にして欲しい、せめて世間の出来事や問題には煩わされたくないと願うようになります。面会人が訪れることを望まなくなり、誰か訪ねて来ても患者の方はもはや話をする気分ではありません。テレビを見ることもありません。患者は手招きをして私たちを呼び、しばらく掛けていてくれとだけ伝えます。ただ私たちの手を握り、黙ってそばにいて欲しいと頼みます。無言のひと時は意義のあるコミュニケーションとなります。患者は私たちがそばにいるだけで最後まで近くにいてくれるのだと確信します。何も言わなくてもいいと患者に知らせるだけで、患者は何も話さなくとも一人ぼっちではないという確信を取り戻します。夕刻の面会はほんのわずかな時間であってもよいのです。患者はこの訪問によって、もう手の打ちようがない状態の時でも、自分の事が忘れ去られてはいないのだと気付き、慰められます。面会者にとってもよかったという気持ちになれます。

あるタイプの患者は、周囲からの助けをほとんど借りることなくゴールに到達します。それでも周囲が黙って理解し干渉しないことは必要です。このタイプに当てはまるのは、苦労を重ねて働き、子供を育て上げ、務めを果たして、人生も終着に近づいたと感じている高齢の患者でした。彼は自分の人生の意味を見出していて、働きづめだった一生を振り返って、充足感を感じていたに違いありません。

第7章　永遠の生命と家族愛

生命の誕生と家族愛

「知らず、生まれ死ぬ人、いづかたより来りて、いづかたへか去る」は、世俗を離れた隠者の鴨長明の『方丈記《ほうじょうき》』の有名な一節です。寂寥《せきりょう》とした鄙《ひな》びた草庵での感慨です。人生を精力的に生きようとする人々にとっては、この記載は必ずしも仔細な点で正確ではありません。イエス・キリストは説かれました。人は孤独では生きていけないのです。人は両親の熱望に答える形で祝福されてこの世に生を受けます。夫婦の間に天から子供を授かります。子供は祝福され、両親から無償の愛を、陽光が天から注がれるように、浴びるように注がれて成長します。これをアガペーといいます。家族は喜怒哀楽を共にし、孔子でいえば親子兄弟の間の愛情である血縁の孝悌《こうてい》という自然な情愛となります。**孔子は家族を何よりも大切にすべしと説いています。**

結婚の大切さについて礼記《らいき》には「婚礼《こんれい》は万世の始めなり」と書かれています。一人であった人間が配偶者を得て二人となり、熱望して子供が出来て四人となり、さらに孫ができて、**個人としての生は死を乗り越えて永遠の生を獲得してゆくのです。**人間は一人では人生を生きていくことが出来ません。**トルストイ（1828-1910）**の『アンナ・カレーニナ』の冒頭には「幸福な家庭はすべて互いに似かよったものであり、不幸な家庭はどこもその不幸のおもむきが異なっているものである」と書かれています。平凡なようですが、リョーヴィンとキチイのような結婚が、お互いを愛し慈しみ生涯の伴侶となるのです。やがて夫婦の間に天から子供を授かります。子供は祝福され、両親から無償の愛を浴びるように注がれて成長します。家族は喜怒哀楽を共にし、**ヘーゲル（1770-1831）**でいえば自然的人倫、**孔子（BC551-BC479）**（『医療の哲学散歩』「孔子と儒教思想」）でいえば親子兄弟の間の愛情である血縁の孝悌《こうてい》という自然な情愛となります。孔子は**家族を何より**

も大切にすべしと説いています。藤原兼輔《ふじわらかねすけ》（877-933）の「人の親の心は闇にあらねども子を思ふ道にまどいぬるかな」は、親の子供に対する心の歌として親しまれてきました。子は親の背中を見て育つものです。

キューブラー・ロスによれば死の床にあって絶望に対する最も効果的な薬は、今まで自分が大切に育て上げてきた家族から大切に思われていることを感じることである、といっています。

孔子の思想と儒教

孔子の春秋戦国時代には周王朝は没落し家族的な秩序も失われていました。孔子はこれを再興しようとしました。**孔子は何かを革新しようとした訳ではなく、尚古主義で昔の文物や制度を尊び、古きよきものを復活させようとしました**（温故知新）。孔子は人の生きるべき道（人倫）を説いています。

孔子が特に重んじた道徳観念は仁と礼です。仁は人が二人と書き、人を愛する心、他者への思いやりを意味します。孔子によればそれはまず、親子兄弟の間の愛情である孝（両親や先祖への敬愛）や悌《てい》（兄や年長者への従順）という自然な情愛として示されました。「孝悌なるものは、それ仁の本なるか。」仁による政治とは、為政者がそうした家族的な親愛の情を広く民へと及ぼしていくことを意味していました。こうした仁はさらに他人に対しては克己・忠・恕・信という心の在り方として説かれました。克己とは自分のわがままを抑えることであり、忠は自分を偽らない真心です。恕《じょ》は他人への思いやりで、「己《おのれ》の欲せざるところは人に施すなかれ」ということです。信は他人を欺かないことを意味しています。

仁は内面的精神的な道徳ですが、その実践に当たっては礼という客観的な形式に適《かな》うことが必要とされました。感情を形として表すための規則や慣行である「礼」を構築しました。礼を実践することにより、家族が秩序立てられ、さらに家族を超えて社会が安定します。礼は社会規範となり、政治理論としても発展します。

自分勝手な欲望を抑えて、一切の行為を社会的な規範である礼に合致させることが、仁であるとして、礼の意義を強調しました。「己《おのれ》に克《か》ちて礼に復《かえ》る（克己復礼《こっきふくれい》）を仁となす。」礼は古代周王朝のしきたりで、法律や慣習・礼儀作法を含み、外面に現れる形式が重視されました。その形式的な礼の規範を内面から支える道徳性が仁です。

孔子の説く仁愛はキリスト教的愛アガペーと異なり、無差別な人類愛ではありません。家族への自然な愛情を基本とし、親しさの違いによって仁愛の在り方の異なる差別愛です。この二千年前に伝えられた儒教思想は日本人のＤＮＡにきっちり刷り込まれ、現在でも日本人の道徳の規範となっています。

永遠の生命と家族愛

ヨーロッパでは死ぬと全くの無になると考えられています。日本では現在でも亡くなった者はいずこかに旅立つし、その旅立つ人を生者はこの世でお見送りします。死んだ者は無になるのではなく、死者として存在するのです。日本人の考えでは、死んだ者も生きている者と同じ様に、この世に実在しています。死者は国民の日常生活の中へも入って来て、いささかの悲しみ、いささかの喜びをも生きている者達と共に分かち合うのです。死んだ者は死者として現実世界に存在します。死者が死後も語り継がれ、尊敬されるということを見て育った者は、いたずらに死を恐れません。日本文化において死者は生者と強い関係性を持ち続け、その関係性を無視して死や死者を語ることは出来ません。

ある人は、死のあとは無になるといいます。しかしそれは、**「生物的生命」**を理性的に見た事実でしかありません。哲学とは、その奥にある**「人格的生命」**を霊性的に思惟することです。**西田幾多郎《にしだきたろう》（1870-1945）**（『大賢人たちと死の受容』「西田幾多郎と善の研究」）にとって愛する者の死は、耐え難い悲痛の経験でありながら人間は「生物的生命」では終わらない、という経験がありました。思惟には「こころ」の奥にあるもの、世にいう「いのち」の営みがあります。**思惟によって世界を感じたいなら「いのち」の地平に立ち、他者と己が分かちがたい関係にあることに目覚めなければなりません。**このことを確かに認識し、語ること、それが哲学者西田幾多郎の始点であり、終着点です。

古代ギリシアの快楽主義者、エピクロス（Epikuros,BC341-BC270）は「死を恐れるな」と説いています。死を経験したことのある人は誰もいないのだから、死がどのようなものであるかは知るすべもなく、そんなものについて心配しても仕方ない。そしていざ死んだら原子の集まりに過ぎない人間はチリのように離散してしまうのだからもはや死を考えることも出来ない。だから、どのみち、死に煩わされる必要はない、といいます。主体の側からの考え方はこれで充分です。問題は客体、死を受け入れる側の家族、友人や知人にあります。主体の死によって肉体、物理的な存在は全く失われ、言葉による意志の疎通は出来なくなります。しかし客体の心には「心残り」があります。これが西田の言う「人格的生命」に相当します。人格的生命は主体と親しければ親しいほど、また客体が老いて、家族や他に友人、知人がいなければいないほど、悲哀を伴って心残りとなります。

しかしこの「心残り」の感情は何も主体が死んでいなくとも、経験することが出来ます。遠く離れた場所にいる大切な人を思う時、相手はどこまでも遠いところにいるのに、誰よりも近くにもいると感じられます。これを実現するのは、愛です。王勃《おうぼつ》（650-676）は友人が長安から遠く離れた蜀《しょく》への赴任が決まり、次の漢詩を読んでいます。**「海内知己《かいだいちき》存す天涯比隣《てんがいひりん》の若《ごと》し。」**この国のどこかに真の友人がいると思えば、空の果て、遠く隔たった場所にいようとも隣同士みたいなものだ。

泉　義雄（いずみ　よしお）

1978年、慶応義塾大学医学部卒業。慶応義塾大学病院内科勤務。

1989年、パリ大学ラリボワジエール病院留学。

1999年、上海中医薬大学曙光医院留学。

2006年、東海大学教授。医学博士、神経内科。

2017年、小田原小林病院非常勤医師。

著書に、共著『医学フランス語会話』2006年、共著『神経内科のスピード学習と専門医学習』2002年・2006年、『よくわかる薬理学』2008年、『現代漢方医学：現代医療に役立つ漢方薬の使い方』2014年、『大賢人たちと死の受容』2022年がある。

生への執着

2025年2月10日　第1刷発行

著　者　　泉　義雄

発行人　　大杉　剛
発行所　　株式会社 風詠社
〒553-0001 大阪市福島区海老江5-2-2 大拓ビル5-7階
TEL 06（6136）8657 https://fueisha.com/
発売元　　株式会社 星雲社（共同出版社・流通責任出版社）
〒112-0005 東京都文京区水道1-3-30
TEL 03（3868）3275
印刷・製本　シナノ印刷株式会社

ISBN978-4-434-35152-5 C0010